智能时代财务管理转型研究

刘 赛 刘小海 ◎ 著

吉林人民出版社

图书在版编目(CIP)数据

智能时代财务管理转型研究 / 刘赛 , 刘小海著 . -- 长春 : 吉林人民出版社 , 2020.7
ISBN 978-7-206-17382-0

Ⅰ . ①智… Ⅱ . ①刘… ②刘… Ⅲ . ①人工智能 – 应用 – 财务管理 – 研究 Ⅳ . ① F275-39

中国版本图书馆 CIP 数据核字 (2020) 第 139178 号

智能时代财务管理转型研究
ZHINENG SHIDAI CAIWU GUANLI ZHUANXING YANJIU

著　　者：刘　赛　刘小海	
责任编辑：王　丹	封面设计：陈富志

吉林人民出版社出版 发行（长春市人民大街 7548 号） 邮政编码：130022

印　　刷：定州启航印刷有限公司

开　　本：710mm × 1000mm	1/16
印　　张：11.5	字　　数：210 千字

标准书号：ISBN 978-7-206-17382-0

版　　次：2020 年 7 月第 1 版	印　　次：2020 年 7 月第 1 次印刷

定　　价：48.00 元

如发现印装质量问题，影响阅读，请与印刷厂联系调换。

前 言

随着我国经济的高速发展和科学技术的革新进步，各行各业的发展越来越离不开信息化和网络化的支持。与此同时，我国的社会主义市场经济体制逐步完善，经济改革发展进入深水区，财会工作的速度与效率对经济发展的作用日益凸显。因此，财会人工智能时代呼之欲出，人工智能可以将会计模型和方法程序化，所以大大简化了会计工作的运算过程，提高了会计工作效率，促进了社会经济的飞速发展。

随着人工智能的发展及会计个人职业生涯管理体系发展的迫切需要，西方金融界和会计界对人工智能技术和财务管理方面进行了透彻而深入的研究，以期将会计和财务管理智能化，最终成功开发出有效的智能处理系统，这些智能化的专家系统能够处理复杂的财务分析和决策问题。人工智能能够在基础财会工作中基本替代传统财会工作人员，能够让财务人员从机械性、重复性强，技术含量较低的基础工作中解放出来，有更加充沛的时间来学习专业知识，同时将成本管理会计的理论与实践结合起来。财务人员需要全方位掌握财会人工智能的工作内容及涉及的范围，持续拓宽专业知识的宽度，在实践中同财会人工智能进行良好的合作，实现人机完美互补，从而为企业创造更多价值。只要会计人员满足经济发展和快速变化工作思路的要求，就能积极地迎合互联网发展的需要，改进和提高自己，持续充实会计知识，持续改革，拓宽知识面，努力使自己成为管理型、跨学科人才。

本书以当今财会人工智能化为时代背景，对人工智能时代财务管理的转型进行了深入探讨。首先概述了财务智能化的大背景，对人工智能的定义和发展、智能时代财务转型的必要性和可行性、智能时代的财务管理新逻辑和财务新商业经济的转变进行了阐释。其次对智能时代财务信息化进行了整体规划，并且分别针对智能时代下的财会人员、财务教育、财务组织和模式这三个方面进行了详细分析。最后总结了智能时代的财务创新与实践。本书对财会人工智能带来的挑战及相应对策进行探究，对智能时代的财务转型研究发挥了积极作用。

目前，财务人工智能在我国仍处于初始的发展阶段，对其进行的理论与实践研究仍然有待深入。作者在汲取了其他专家学者研究成果的基础上，根据自己多年的财务实践，最终著成本书。由于出版时间紧张，加之人工智能的发展十分迅速，本书难免存在不足之处，恳请广大读者批评指正。

目 录

第一章 财务智能化概述 ………………………………………………… 1
    第一节 人工智能概述 …………………………………………… 1
    第二节 智能时代促使财务转型的新技术 ……………………… 9
    第三节 智能时代财务管理新逻辑 ……………………………… 25
    第四节 智能时代财务新商业经济的转变 ……………………… 31

第二章 智能时代财务信息化整体规划 ………………………………… 38
    第一节 智能时代财务信息化概念框架 ………………………… 38
    第二节 智能时代财务与科技的信息化协同 …………………… 45
    第三节 智能时代的财务产品经理 ……………………………… 51

第三章 智能时代财会人员转型 ………………………………………… 57
    第一节 智能时代财务人员面临的问题 ………………………… 57
    第二节 智能时代财务人员的基础能力框架 …………………… 62
    第三节 智能时代财务人员的择业模型 ………………………… 70
    第四节 智能时代财会人员职业再规划发展策略 ……………… 75

第四章 智能时代财务教育改革 ………………………………………… 85
    第一节 智能时代大学财务教育的变革 ………………………… 85
    第二节 财务共享服务课程体系开发与建设 …………………… 92
    第三节 财务共享服务教育与认证体系 ………………………… 99

第五章 智能时代财务组织与模式变革·······103

第一节 智能时代财务组织的简化·······103

第二节 智能时代财务管理策略·······107

第三节 智能时代的财务团队·······115

第四节 智能时代的财务创新·······119

第六章 智能时代财务创新实践·······124

第一节 智能时代战略财务创新·······124

第二节 智能时代专业财务创新·······138

第三节 智能时代业务财务创新·······150

第四节 智能时代财务共享服务创新·······157

参考文献·······173

第一章 财务智能化概述

第一节 人工智能概述

一、人工智能的定义与内容

（一）人工智能的定义

人工智能来源于人类的不断进步和发展，它是人类智慧和文明的结晶。人工智能是研究如何使用计算机或其他电子设备模拟某些人类思维过程和智能行为的学科。简而言之，人工智能是计算机系统的理论和应用。它是开发人工构建的人类意识和思维模式，可以取代人类完成一些工作[1]。

（二）人工智能研究内容

人工智能的研究具有很高的技术性和专业性，每个分支都是深入的和不相通的，它涵盖的范围很广。人工智能的研究内容主要包括：知识表示与自动推理、搜索方法与知识处理、机器学习与知识获取、计算机视觉与自然语言理解、自动编程与智能化机器人等[2]。

二、人工智能的发展

人工智能的发展分为四个阶段：萌芽阶段、诞生阶段、发展阶段、集成阶段[3]。1956年以前，被称为人工智能的萌芽阶段，布尔逻辑、概率论和计算理论取得了很大的进步，为人工智能的形式化规则奠定了基础。第一台计算机于1941年由美国和

---

[1] 尼克.人工智能简史[M].北京：人民邮电出版社，2017：66.
[2] 卡普兰.人工智能时代[M].杭州：浙江人民出版社，2016：52.
[3] 卡普兰.人工智能时代[M].杭州：浙江人民出版社，2016：120.

德国共同开发完成，从此完全改变了人类存储和处理信息的方式。20世纪40年代，人们研究发明了第一台可以储备程序的计算机，同时推进了人工智能理论的发展。20世纪50年代，人们将人类智力和计算机联系起来，实现了人工智能。诺伯特·维纳是控制论的创始人，他在反馈理论的基础上提出了一个新论断，即通过外界不断将反馈结果传输给机体从而产生相应的动作，进而产生了智能。1955年，美国的计算机科学家艾伦和赫伯特的逻辑理论程序，是一个树形结构程序，在树形分支中探寻时，为了尽快获得标准答案，树形分支会优先对与标准答案相似度最高的树进行探寻。这在人工智能史上占有重要地位，对学术界和社会产生了重大影响。

1956年到1961年，被称为人工智能的诞生阶段。1956年，麦卡锡、明斯基等学者召开了达特茅斯会议，在那里集聚了数学、心理学和神经生理学、电脑科学和信息论等科学界的年轻专家。专家们针对人工智能的经验进行互相交流后，提出了一门新的学科，这是第一次将人工智能作为一门学科正式提出来。从此，人工智能的侧重点就发生了变化，它作为一个具有实际应用功能，而且具备自我修复和主动学习能力的系统被继续研究。直到20世纪中叶，General Problem Solver（GPS）诞生，这个新开发程序的创始人是艾伦·纽威尔和赫伯特·西蒙。GPS是在维纳的反馈理论上进行了扩展，并且具有解决一些比较大众化问题的能力。紧接着麦卡锡创立了一个至今仍被很多人工智能程序使用的语言，即表处理语言LISP。

1961年到1987年，被称为人工智能的发展阶段。这一时期，人工智能在人脑识别、专家系统、机器证明、模式分辨、电脑和人脑的连接及生物智能等领域都得到了广泛应用，并且取得了可喜的成果。20世纪60年代，美国国防部和政府对麻省理工学院的人工智能研究给予了大力支持。在此基础上，人工智能技术得到了很大发展。紧接着20世纪70年代维诺格拉德在美国的麻省理工学院建立了SHRDLU系统。这个系统能够使用简单的自然语言指挥机器人进行一些动作的展示。这个年代的科学研究在人工智能史上具有划时代的意义，当时的专家首次向世界宣告计算机能够辅助人类专家做一些工作。同样在70年代，计算机渐渐有了简单的思考和观察能力，同时，一个新的人工智能语言Prolog诞生了。由此，新诞生的Prolog和之前的LISP几乎成了科学家们开展人工智能研究工作必不可少的工具。

1988年至今，被称为人工智能的集成阶段，人工智能技术的实际应用程度加深，人们在使用过程中发现问题和不足，集中起来向专家反馈，专家在了解掌握不足后，不断改进程序，系统陆续实现了多种功能与多种需求的综合发展。最近几年，人工智能有了新的发展方向，开始向创新技术和更多的学科领域延伸，同时向多方位多领域的综合应用发展，不断推陈出新，向世人展示了人工智能技术的飞速发展。到目前为止，人工智能科技已经延伸到人类经济生活的各个层面，在人类的生产、生活、学习中发挥着十分重要的作用。当前，我国的人工智能研究领域，集中于语音识别、理解、合成相关的研究的约占60%，集中于图像识别的约占13%，集中于其他领域的约占27%。

三、财务人工智能概述

财务人工智能是将有关于财务的管理理论进行模型化处理，再通过运用高科技的信息进行匹配，把数据导入总的信息库或者以信息库的现存数据作为研究对象来分析，然后以最快的速度得到公司的经营报告，形成经营的战略建议。财务领域人工智能技术着重模仿人类的财务操作和判断，同时在业务收入预测、风险控制和管理、反舞弊分析、税务优化等方面也有很大的应用空间。

（一）财务人工智能应用领域

目前在相关研究的科技应用领域，财务人工智能有专家系统、模式识别、资源规划与配置、智能财务管理信息共享系统和人工神经网络模型五项内容。

1. 专家系统

从本质上来说，专家系统是在特定的专业领域拥有超高专业水平、理解能力的程序系统，就像通过早期的学习和积累，在业界已经具备较高专业素养的某个领域的专家一样。针对这一领域的问题，能够快速运用经验和知识给出反应，进而解决问题。从结构上来看，专家系统就好比一个特定领域的信息库和一个能够被人类所获得和利用的系统所组成的专业解题系统[①]。它核心的项目是信息库的储备和反应机制，由经验和智能的程序系统、信息库、推理机制、解释程序等项目的运作来获取程序。财务专家系统就是积累经验、获取数据、知识收集储备和智能化的程序系统，利用这个系统来解决财务范围内的所有问题。它在一定程度上能够辅助财务方面的专家进行工作，对一些财务管理的内容进行叙述、诊断问题、分析数据和验证原理，从而通过对财务管理环境、技术和理念进行综合利用而得出最终的决策。它工作的思维方式就是从复杂到简单、从抽象到具体，把复杂的财务问题拆分为简单的问题，最后通过搜索问题，分析归纳总结，实现问题的解决。系统进行处理和整合后，财务管理专家系统的功能能够在很大程度上被利用，财务人员在决策方面会更有信服力，财务预算也

---

① 韦康博．人工智能[M]．北京：现代出版社，2016：98．

更符合实际，财务控制也能更到位，不会严重脱节，财务数据和各种分析也会更加清晰，财务管理也会更加全面、更易掌控。

2. 模式识别

对物体表征的各种各样的消息进行归纳和汇总分析，然后对事物或特定现象进行叙述、分辨、归类和阐述的行为就是模式识别。当今社会，模式识别的方法有很多，其中最主要的方法是结构法和决策论方法[①]。最近几年，又出现了一些新的方法。例如，在多元化大数据基础上的多元图形基元、特征基元的模式识别和粗糙集模式识别法等。另外，它在财务领域也有大量的实际运用，如能高效地分辨并描述出财务目标和大环境，并能识别公司财务管理受到金融危机时的原因和影响，从而根据分析提出解决方案；在公司的经营框架中，能够识别公司财务经营框架及框架所掌控的运行机制；在运营管理上，它的工作重点是识别财务的主体行为及它对财务管理目标的作用；在现金的保管规划层面，能识别资金的筹划支付及流动性；在企业财务的风险规避和安全层面，模式识别可以感受到潜在的财务危机和隐患，设立一个有预防作用的模型，从而达到保护财产安全的目的。

3. 智能财务管理信息共享系统

为了达到快速有效处理财务的目的，我们将智能财务信息管理系统分为财务操作系统和财务查询系统。这样的系统使各部门可以通过浏览 Web 网站方便快捷地查询相关财务信息，即使是远离公司，也可以通过网站及时查询实时财务信息，而且发布财务信息的企业成本很低。财务管理智能系统的出现，意味着财务管理变得高效方便，其与网络技术完美结合，各部门在任何地方、任何时候都可以一目了然地在共享系统中了解财务状况。而以上方便快捷的系统生成是通过将企业 ERP 财务信息植入系统来实现的。

4. 人工神经网络模型

通过大量的处理单元对人脑神经系统的模仿，仿照系统的工作结构和原理，再通过各个链接方式组成网络就是人工神经网络模型。运用学习案例更新信息储备库、推理机制等，以达到帮助人类增加对外部世界的认识及智能管理的目标。它主要运用在优化、预测、归类和函数逼近等方面，主要运用范围包括对上市企业进行财务风险预测和预警、财务问题分析诊断、规划财务管理、缴税和评估、财务质量的检测评估、对风险投资的项目进行分析评估、股票价格指数的监测和分析评估、固有财产投资规

---

① 毛航天. 人工智能中智能概念的发展研究[D]. 上海：华东师范大学，2016：98.

划和分析预测、金融证券定价、选择经济发展方式,等等。当前,人工智能技术已经是人工智能研究领域的重点、亮点和关注点,它在经济与财务管理方面的辉煌成就已经引起了人们的特别关注。

(二)财务智能化的架构特点

与传统财务信息化功能架构有所不同,财务智能化是建立在一系列智能技术基础之上的。在具体的信息化架构搭建时需要考虑以下要点。

1. 构建数据基础

对于大数据和人工智能来说,数据是这些智能技术能够有效运转的基础。因此,在信息化架构中,必须要考虑搭建一个可靠的数据层。这个数据层和传统信息化技术中所理解的后台的数据是不一样的。如图1-1所示,在这个数据层的搭建中,要兼顾结构化数据和非结构化数据。

智能化阶段要求构建新的数据基础

结构化数据 ✚ 非结构化数据

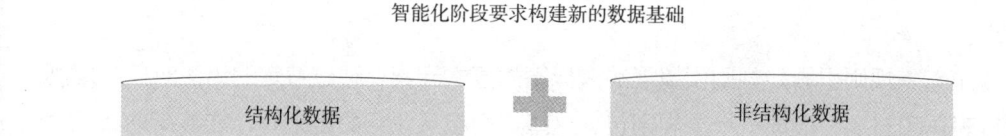

图1-1 智能化阶段的数据基础

首先,对于结构化数据来说,需要对系统中所有具有业务含义的数据进行标签化,也就是说,要建立一个标签字典,用来结构化地重新定义系统中的每一个具有业务含义的字段,并在每一笔交易发生时,将交易中所包含的所有标签及标签值存储到数据层中。

其次,对于非结构化数据来说,要能够采用大数据技术对非结构化数据进行管理和存储,并基于应用场景尽可能地获取更为广泛的非结构化数据。

在建立了基于标签的结构化数据及非结构化数据的数据基础之后,无论是后续基于规则引擎的自动化处理,还是基于机器学习引擎的智能建设,都具备了基础条件。这对于财务信息化来说,是一个重要的改变。

2. 构建智能技术引擎

在有了数据基础之后,财务信息化平台向智能化的转型还需要一系列的技术引擎的支持,如图1-2所示。

图像文字识别引擎	规则引擎	流程引擎	机器学习引擎	分布式账簿引擎
• 实现图片信息的电子化	• 基于规则进行自动化的逻辑处理	• 支撑智能敏捷的新型财务流程	• 通过对人工处理历史数据的学习实现智能化处理	• 支撑区块链技术在财务底层账簿上的应用

图 1-2 智能技术引擎

第一是图像文字识别引擎。财务的大量数据还是以实物形态存在的，如发票、合同等。虽然这些原始凭证正在向电子化迈进，但在现阶段，实物仍然是其主要形态，而这些实物中蕴含了大量财务信息，并且是后续智能应用的关键基础。要提取这些信息，除了通过人工录入或者采取众包模式外，还可以运用图像文字识别（OCR）技术。基于 OCR 技术，能够批量高效地对图像中财务信息进行提取。需要注意的是，传统的 OCR 技术并不是非常成熟，识别率较低，基于深度学习的 OCR 引擎会有所改进。

第二是规则引擎。规则引擎能够以标签为基本元素，通过特定的语法对控制规则进行表达和封装，形成一个个规则包。这些规则包从业务角度来看，能够帮助我们替代一部分人工进行系统的自动化审核控制，规则引擎本身技术并不复杂，难点在于进行清晰的标签定义和管理，梳理和拆解规则，以及基于标签定义规则。对于最简单的差旅费报销来说，其涉及的标签可能多达数百个，并且也需要数十个的规则来进行组合审核。

第三是流程引擎。流程引擎虽然在传统的财务信息化架构中已经广泛应用，但在智能化要求下，流程引擎需要具有更强的灵活性和扩展性，以支撑在智能应用中更为复杂的后台任务路径分流。流程引擎技术本身需要引入机器学习技术，以逐渐实现流程的智能化流转管理，如在共享派工时，实现更为灵活和均衡的智能派工。

第四是机器学习引擎。机器学习引擎是人工智能技术的关键组件，能够将一系列算法进行封装，并形成标准化的输入和输出。机器学习引擎能够通过对带有特征和标签的大量历史数据的学习去自主发现规则或算法，并将这些规则或算法应用于财务的工作场景中，实现对人工的辅助或替代。机器学习引擎是财务信息化从自动化向智能化迈进的关键一步。

第五是分布式账簿引擎。分布式账簿引擎可以理解为实现区块链在财务领域应用的重要基础。分布式账簿引擎通过在业务系统与财务系统底层搭建统一底账的方式，实现每一笔交易发生时的平行记账，并基于区块链的原理实现去中心化和数据一致。

分布式账簿引擎能够为内部往来核对、关联交易核对、业财一致性核对等复杂业务问题提供技术支持。

在完善的数据基础的支持及多个技术引擎的共同作用下，财务信息化架构能够实现从传统的自动化向智能化的进化。

（三）财务人工智能的缺点

财务机器人虽然可以替代财会人员完成大部分基础核算工作，但在实际工作中仍存在一些不能替代财会人员完成的工作。

1. 成本费用高

目前，财务机器人对工作内容的标准化要求很高，不适合多种少量的工作模式。因此，财务机器人只适用于企业规模大、财税日常工作负荷重、快速成长期的企业。而对于普通企业来说，财务机器人的成本费用太高，后期维护费用过大，从成本效益的原则考虑，很多企业目前还不具备引进财务机器人的能力。

2. 技术发展不完善

第一，财务机器人属于发展初级阶段，功能不完善，兼容性差，使用前期问题比较多。目前，财务机器人虽然在一些企业中已经应用，但从应用情况上来看，仍处于初级阶段，应用范围较小，应用层次不高，功能不够完善。因为初级阶段开发人员未全面考虑系列化、通用化、模块化的设计，容易造成系统兼容性差，所以使用初期问题较多。

第二，操控财务机器人的技术人员不足，售后服务问题较多。财务机器人是新兴产品，精通操控财务机器人的技术人员十分紧缺。技术人员不仅要具有一定的会计理论知识，还需要了解人工智能和互联网相关的技术知识，具有综合技能的人才的匮乏给财务机器人后期的维护升级造成了一定的影响。

第三，会计信息的安全性受到威胁。目前的会计信息处理与保存都以电子形式为主，而财务人工智能系统由于存在一定的技术漏洞，如果防护措施不到位，则有可能会被黑客攻破系统，盗取商业信息。对于企业来说，财务信息的外泄会造成非常严重的后果，使企业遭受巨大的经济损失。

3. 人性化水平低

第一，财务机器人很难实现情感化。虽然财务机器人的计算速度和数据处理能力要比人类强，但是始终无法与具备人类的情感丰富度相比较。与人类相比，目前财务机器人在直觉判断方面不具备优势，而且无法处理复杂的逻辑判断问题，它很难完全模拟财会人员。财务机器人是按照事先设定的规则执行程序，它既没有感情，也不能完全像人一样进行思考。尤其是在涉及人际关系的处理时，财会人员能够根据人类的表情、语气等进行判断处理，而财务机器人则不具备这种处理能力。

第二，财务机器人的及时反应和灵活程度不够。在普通的数据核算型工作中，财务机器人可以代替财会人员，但在处理涉及多种因素的宏观经济环境变化的问题时，财务机器人无法取代财会人员。财会人员在处理一个经济类工作时，能够根据自己所掌握的知识和经验，结合企业当前的内部环境状况和外部市场经济状况来作出决策。其中涉及会计规则、法律知识及情感经验等，而且会计规则及内外部的形势是随时变化着的，财会人员能够根据其变化作出相应的改变，而财务机器人则难以得出最佳的财务结论。无论财务人工智能如何发展，在处理涉及组织与组织、人与人、企业与社会的关系等问题时，它都不可能完全取代财会人员发挥作用。

（四）财务人工智能对财会人员工作的影响

2017年英国牛津大学发布的一篇研究调查称，目前被人工智能机器人代替的可能性最大的工作岗位就是财务工作。哈格教授和卡明斯教授在《信息时代的管理信息系统》中阐述了专家系统，专家系统是通过模拟人类专家解决各个领域问题的人工智能技术，适合应用在会计工作中，同时他也指出这种系统的应用将会极大地威胁财会人员的工作，财会人员将面临失业。财务人工智能技术的应用和发展对财会人员工作的影响包含以下两个方面。

第一，财务人工智能的发展给财会人员的工作带来巨大的挑战。基础核算财务岗位急剧减少，企业对财会人员的综合管理能力的要求不断提高，对财会人员的需求类型发生一定的变化。

第二，财务人工智能的发展加速了财会人员的职业转型发展。财务人工智能虽然在很多方面可以代替财会人员进行工作，也可以完成传统的财务核算工作，但是财务人工智能与财会人员相比，并不能适用于会计行业中的每个领域[①]。在人工智能背景下，财会人员需要不断提高战略分析与判断能力，提高自己的综合素质，打造自身软实力，加强对自身职业生涯的设计与管理。

---

① 李凡.会计人员生涯发展的个案研究[D].上海：华东师范大学，2006：56.

第二节 智能时代促使财务转型的新技术

一、智能化全面驱动财务转型

（一）智能化带来的财务管理模式转型

以大数据、云技术、物联网、区块链、人工智能等为代表的智能化技术的出现，不仅从技术能力上全面提升了对财务工作的支持能力，还从思维模式上对企业财务管理的转型提出了更高的要求。

1. 集团管控向全局视角的转变

在传统的财务管理模式下，集团财务管控长期以来一直是企业所面临的难题和挑战。对于企业集团来说，存在横向、纵向的信息壁垒，存在横纵信息割裂，如图1-3所示。

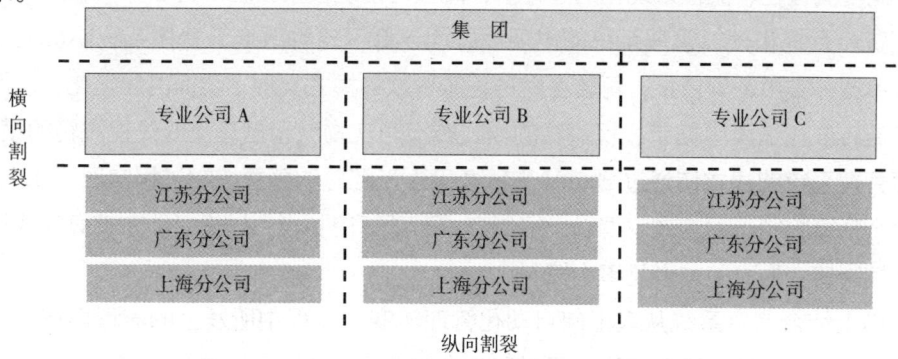

图1-3 企业集团存在横纵信息割裂

从横向来看，集团内的各业务板块及板块下的各专业公司之间存在壁垒。从集团的视角来看，业务板块及专业公司之间的信息以烟囱状的形态存在。不同专业公司之间的信息可比性存在问题，各公司之间的协同财务效果难以进行清晰的评价，专业公司之间财务结果的可比性也会存在问题。

从纵向来看，集团和专业公司、专业公司总部与下级机构之间每一个层次也都存在信息壁垒，集团难以穿透到专业公司内部看清其经营情况，而专业公司总部也不排除和下级机构存在信息不对称和不透明的情况。

造成这种信息割裂状况，一方面是因为管理机制，另一方面是因为在技术层面，采用传统的信息化架构模式，数据在集团层面的高度集中是困难的，多数情况下，数据在不同的管理主体中分散存储，进一步造成了数据透明的困难。

而在技术智能化后，基于大数据、云计算等能力的支持，从技术角度来说，有条件实现数据更广范围的集中化管理，通过建立集中化的数据中心，打破集团内横向和纵向的信息壁垒。在技术条件具备的前提下，推动管理变革，成功的概率也会更大，从而进一步打破由于管理所造成的信息壁垒。

当我们实现了数据在集团内横到边、纵到底的通透后，集团财务管控的模式能够发生本质上的改变。在传统模式下不得不进行的块状管控模式能够转变为全局管控的新模式，而对于企业集团财务转型来说，这种模式的转变具有极其重要的意义与价值。

2.集团流程管理向敏捷化的转变

企业集团财务信息化迈向智能化的进程伴随着流程再造的过程。在从人工管理向财务自动化管理过渡的过程中，已经发生过一次非常重要的流程再造。在管理制度化、制度流程化、流程系统化的过程中，流程与系统被紧密地结合在了一起。

费控系统和预算管理系统的出现很好地诠释了这种改变，费控系统使员工填写纸质单据并交由领导审批，再转至财务记账付款的模式实现了全面的线上化，从而将信息流转依托纸质单据单线程流转的模式转换为实物流和信息流双线程流转的模式。预算管理系统的建立使通过 Excel 进行多级人工汇总的预算编制过程实现了线上化，使整个预算编制流程的效率得以大幅提高。而预算控制也由以往只能在核算完成后的事后控制转变为事前或者是事中控制。

以上结合信息系统从人工向自动化管理转变的过程中所发生的流程再造，更多的是形成了一套新的固化流程，是对财务人员升级后的管理思维的适应。而在智能时代，流程与系统的结合方式还将发生进一步的升级，从固化向敏捷流程跃迁。

在智能化阶段，内置规则类似条件数方式的流程流转决策机制转变为基于人工智能的优化策略的选择：在流程流转过程中，系统能够更为灵活地根据管理模板设定流程流转的路径和复杂度，如针对不同风险程度的单据，能够灵活动态地决策是否需要更高级别的领导或者是财务人员进行审批、审核。再如，在管理决策的过程中，智能系统可以通过判断决策分析后获得信息的紧急程度，并据此进行不同的后续信息反馈流程。简单地说，流程不再是固化的模式，而是基于目标的敏捷和弹性的管理模式，如图 1-4 所示。

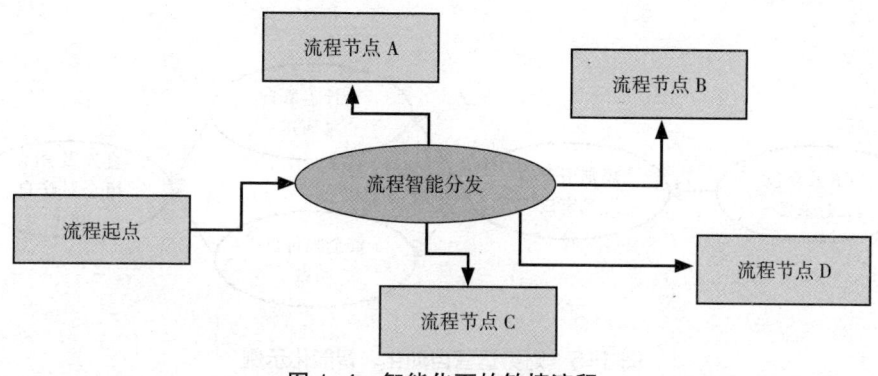

```
                    流程节点 A
                        ↑
                        |
                   ┌─────────┐
  流程起点 ───────→│流程智能分发│───────→ 流程节点 B
                   └─────────┘
                      ↓    ↘
                 流程节点 C   流程节点 D
```

图 1-4　智能化下的敏捷流程

敏捷流程的实现意味着管理从人工决策向机器决策更大程度的授权，也是计算机模拟人工进入深度阶段后可以尝试的应用场景。

3. 集团财务运营向自动化、智能化的转变

在智能化过程中，相比管控的全局化及流程的敏捷化来说，集团财务运营向自动化和智能化的转变是相对容易实现的。

所谓集团财务运营是指在当前财务工作中涉及的工作量大、标准化高的财务作业。在财务领域，这一类业务消耗了大量的人力，但其价值产出却相对有限。因此，针对这一领域的财务信息化能力建设始终是重点和热点。

在过去，大量财务信息系统的建设已经在这一领域自动化的实现中发挥了重要作用，如银企直连取代了以往网银方式的资金作业，通过简单的会计引擎，实现了记账从人工向自动化的转变。但是，随着智能技术的不断发展，这一领域仍然有大量的空间能够进一步实现自动化。

财务运营领域的智能化首先需要实现所有财务作业输入信息的数字化，如上文谈及的 OCR 技术、众包模式等都能够帮助解决此问题。而随着电子发票、电子合同的普及，困扰我们的大量纸质凭证将从源头实现数字化。在此数据基础上，计算机能够通过建立大量的规则、模型，将财务人员工作时所使用的大量的思考、分析、判断动作进行系统化，从而达到将复杂财务运营业务自动化、智能化的目的，如图 1-5 所示。

智能时代财务管理转型研究

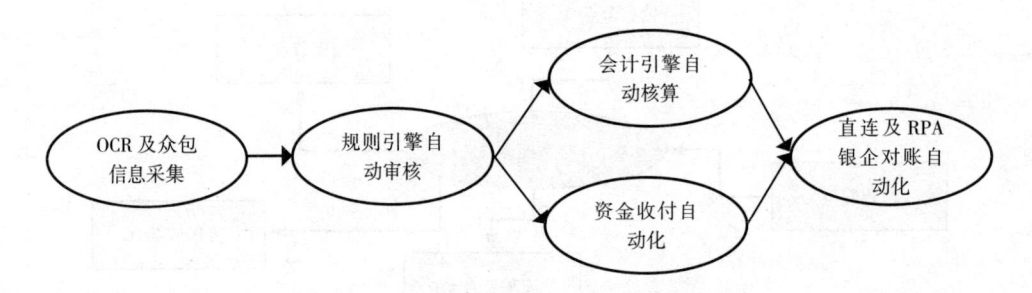

图 1-5 财务运营自动化、智能化示例

在具体的应用中,财务共享服务中心是财务运营智能化的主要组织,但在企业的各级机构中,同样存在大量的财务运营自动化和智能化的机会。

(二)智能化带来的组织革新

财务的智能化不仅带来了财务管理模式的改变,还驱动着财务的组织形态发生改变。

1. 财务组织的智能化外延扩展

在财务转型的上一个阶段中,很多企业构建了包括战略财务、专业财务、业务财务和共享服务四分类的组织架构模式。这一转变很好地支撑了企业集团从传统财务模式向现代财务模式的转变。但是,这一组织形态在智能化的进化中还在发生着进一步的演进。

最为典型的架构演进模式是在四分架构的基础上进一步衍生出具有外延扩展特性的创新组织,这些组织的出现为财务向智能化转型提供了重要助力,如图 1-6 所示。

数据中心	数据应用团队	财务智能化团队
• 构建和维护数据基础,实现对数据探源、数据抽取、数据存储、数据维护等提供全过程的管理	• 基于数据展开应用需求分析,并建立数据应用模型	• 挖掘财务智能化应用场景,进行需求分析; • 推动科技部门实现智能化需求落地

图 1-6 财务组织的外延扩展

首先,数据中心的出现。如我们在上文中所谈到的,智能化技术之一的大数据,无论是对数据的管理还是应用,都极其重要。在传统的财务组织中,数据的处理都是分散在不同的财务职能中的。在这种模式下,数据的集中度不足,也难以满足大数据的要求。而财务数据中心的建立,能够从组织上保障数据的集中化管理。通过这样一个团队,实现数据探源、抽取、存储、维护等全过程的管理,为后续进一步基于数据展开大数据分析、人工智能应用带来重要的帮助。这样的组织应该是跨越财务、业务，以及信息技术的能力边界之上的，团队人员需要具有一定的复合技术能力。

其次，需要有管理会计等专业化数据应用团队的出现。数据中心实现的是对数据基础的管理，在此基础上，数据的应用至关重要。因此，在企业的组织进化中，也需要专注于数据应用的专业化团队，如最为典型的管理会计团队，会在基础数据的基础上进一步研究数据的分摊方法，分析多维度的成本盈利情况，构建基于管理会计的考核体系等。此外，经营分析团队也属于数据应用的专业化组织。通过这些职能的构建，数据及智能技术与财务管理的实际应用场景进行结合，能够带来更好的智能化价值。

最后，财务智能化团队的建立。财务的智能化技术和传统的财务信息化已经有所不同。对于企业来说，需要将传统的财务信息化队伍向智能化进一步升级。当然，如果企业还没有建立信息化队伍，那么构建的必要性就更加突出了。在财务智能化团队的职能中有两个方面比较重要：一方面是围绕应用需求进行场景构建的能力，财务智能化团队要能够进行业务需求分析，能够帮助财务部门各业务团队去发现和挖掘智能化的应用需求，并思考如何通过信息技术满足这些需求。另一方面是技术能力，能够将业务需求转化为技术需求，并能够与科技部门展开有效沟通，推动科技部门对业务需求的落地实现。

智能化背景下的财务组织较之传统模式，将更多地以数据和场景为核心，进行智能化的外延拓展。

2. 财务组织从刚性向柔性转变

在财务组织的智能化外延扩展的同时，另一个财务组织的变化——财务组织由刚性向柔性的转变。

对于刚性管理来说，最具有代表性的当属泰勒的科学管理理论，这套理论不少大学的管理学课程都有过介绍。泰勒的科学管理思想包括作业管理、组织管理和管理哲学三个核心内容。其中，作业管理强调的是如何通过科学的工作方法、培训方法和激励方法来提升劳动生产率。当然，传统管理的刚性并不仅仅体现在科学管理理论，在现实的管理工作中到处都有刚性管理的影子，如组织中森严的管理层级、制度中可能存在的简单粗暴、流程中缺少变通的执行方式，信息系统中难以改变的架构等。

安应民在《企业柔性管理：获取竞争优势的工具》中说："从本质上来说，柔性管理是一种对'稳定和变化'同时进行管理的新战略，它以思维方式从线性到非线性的转变为前提,强调管理跳跃和变化、速度和反应、灵敏与弹性,它注重平等和尊重、创造和直觉、主动和企业精神、远见和价值控制,它依据信息共享、虚拟整合、竞争性合作、差异性互补等实现知识由隐到显的转换,为企业创造与获取竞争优势。"[1]

智能时代的到来,释放出要求财务进行自我改变的强烈信号,同时也给我们创造了一个改变的机会。人工智能将越来越多地帮助我们完成原本需要"刚性"生产完成的工作,如财务审核、会计核算、资金结算等,而财务人员精力的释放将帮助我们有机会去重新构建创造能力和柔性管理的能力。

在智能化大背景下,财务组织的柔性主要体现在以下两个方面。

(1)组织架构的柔性。在传统的财务组织中,层级式架构最为常见,这也具有极强的刚性。而这种架构模式并不利于创造性的发挥,反而在很多时候会成为财务组织创新和能力提升的束缚。而柔性的财务组织则可以更多地考虑减少组织层次,建立扁平化的财务组织。此外,可以更多地使用团队的架构方式。基于阶段性的创新目标灵活地设置团队,能够更好地适应智能化的组织需求。

(2)财务文化的柔性。在传统财务组织中,文化方面更多体现的是严谨。这与需要充分发挥技术想象力和进行场景创新的智能化的诉求是不相匹配的。因此,财务组织中文化的改变也是必要的。在组织文化的构建中,应当在更多地鼓励协作型的文化的同时,构建鼓励创新的文化氛围,以促进财务组织从刚性向柔性的转变。此外,适度引入市场文化,让财务工作能够适度地以市场化的方式参与公司经营,对柔性文化的建立也是很有帮助的。

(三)智能化带来的团队和人员能力升级

财务转型迈入智能化阶段后,不仅对运营模式、组织带来影响,对财务团队和人员的能力升级也带来了极大的挑战和要求,这种能力升级主要体现在财务人员创新能力升级和财务人员知识结构升级两个方面。

1.财务人员创新能力升级

智能化时代对财务人员的创新要求和传统财务时代有了显著不同,创新的压力来自多个方面。

首先,智能化将在当前及未来相当长的时间内,对整个社会经济带来重大改变。在这个过程中,传统的商业经济模式会快速发生变化,每个企业集团的主业都会受到

---

[1] 安应民.企业柔性管理:获取竞争优势的工具[M].北京:人民出版社,2008:88.

这一浪潮的影响，并发生深远、快速的变革。财务作为每个企业必备的管理部门，其重要的使命之一是帮助企业管理层实现战略的落地，并能够为企业的经营发展提供有效的决策支持。在企业主业发生快速变化的时候，财务的创新能力的提升如果没有办法跟上企业发展的节奏，可能会对企业的经营发展带来不利的影响，或者说难以起到应有的支持作用。

其次，财务管理的方方面面都在因为智能化的出现而发生各种改变。财务人员自身如果在这一过程中没有认识到，或者说是应对得不及时，将直接导致所在企业的财务管理水平落后于市场，无论是财务的运营效率、决策支持水平，还是资源配置能力等各个专业领域，都会受到影响，甚至出现瓶颈。因此，在财务的专业领域积极地提升创新能力至关重要。

那么，对于一个被广泛认为需要严谨地开展工作的群体来说，如何提升创新能力呢？如图 1-7 所示，可以从四个方面着手提升财务创新能力。

聚焦创新方向	打造鼓励创新的文化环境	建立适合创新的组织环境	推行创新容错
·创新方向与公司发展战略要保持一致	·打造鼓励创新的文化环境，建立相应的奖励机制	·推行适合创新的组织形式，如团队型组织、项目型组织	·允许创新在一定范围的失败，给予容错空间

图 1-7 提升财务创新能力的四个方面

首先，在实现财务创新本身就困难的情况下，应该将创新的方向聚焦，并保持与公司发展战略的一致性。财务创新并不是孤立的，当财务创新的目标与公司发展战略的目标高度一致时，财务创新能够获得最大化的资源保障。与此同时，管理层也容易认同和理解财务的创新工作，避免不必要的沟通和解释。

其次，要在财务中打造鼓励创新的文化环境。创新本身并不是一件简单的事情，应该建立必要的机制，对于积极作出管理创新的财务人员给予鼓励或奖励。通过对创新的正向激励，让一线的财务人员有意愿参与到这一过程中去，而不是将创新作为机械的任务来看待。

再次，要建立适合创新的组织环境。在层级森严的组织中是很难孕育出创新精神的。因此，在鼓励创新的同时，要适度打破组织边界，让跨团队的交流成为可能。项目制是打破组织边界很好的工具，不妨考虑将财务项目作为创新的摇篮。

最后，创新本身就是一种尝试，对于财务人员的创新试错要有一定的包容性。在创新的过程中，很多新的技术流程都需要经过实验的验证。在创新型企业中，往往对财务人员给予了极大的包容性，甚至在很多时候鼓励财务人员试错，以取得创新成功。因此，好的创新生态应当具有技术试验环境，让大家能在不断的尝试中找到正确答案。这一点对财务人员尤为重要，因为财务人员对创新的态度本就高度谨慎，一旦受到打击，将严重影响其积极性。

结合以上四点着手进行财务团队创新能力的升级，将为财务转型迈入智能化阶段奠定很好的基础。

2. 财务人员知识结构升级

在智能化阶段，财务人员的知识结构也面临着极大的升级压力。在传统财务组织中，财务人员更多的是专业路线，也就是说，在某一个专业领域，如核算、资金、税务等方面从最基础的工作做起，不断丰富自己的知识结构，通过多年努力成为某一领域的专家。这样一条发展路径在传统财务发展阶段是无可厚非的，也是大多数财务人员的成长历程。

但必须要认识到，随着智能化阶段的到来，很多新进入财务工作领域的人员已经不再有机会经历这样一条发展路径。一方面由于技术的发展，基于网络的专业协同和专业分工变得越发主流，这使从一开始就迈入特定基础工作领域的财务人员很有可能在后续的多年中始终没有机会接触到更大范围的知识领域。另一方面由于技术的进步，越来越多的基础工作会被计算机替代，这使得新入行的财务人员根本没有机会接触到最基础的财务业务。

在这种情况下，团队中财务人员想要在智能化阶段发挥其价值，就必须要慢慢脱离传统的职业发展方式，从一开始就树立全局观和系统观，及早构建完整的财务知识结构的框架体系，知道财务各职能中的模块构成，以及各模块的相互作用关系。

在这一框架体系的支撑下，企业应当鼓励财务团队成员构建自己更为宽阔的专业知识体系。通过系统化和全局化思维，先构建一个知识面，再逐渐加深知识面的厚度，同时选择少数专业领域重点钻研。这种团队人员的发展模式能够让财务人员在智能化阶段更好地适应多变的技术环节，并能够为及时调整自身的发展方向打下基础，从而具有更大的职业弹性。

综上所述，智能化阶段的到来将全面驱动财务从模式、组织、文化、人员多个方面进行转型。成功转型的财务组织也必将为企业经营迈入智能化阶段提供巨大的助力，这也是财务人员应有的贡献和价值。

二、智能时代的财务管理实践升级

智能化带来的不仅是观念的转变，在财务管理的实践中，我们还能够看到越来越多的智能化应用场景，这些场景的落地也让财务管理能力不断升级。财务的整体框架包括战略财务、专业财务、业务财务、共享服务四个方面，下面分别从这几个方面展开智能化影响的探讨。

（一）智能化与战略财务

战略财务包括战略与业务支持、财会控制机制、价值管理、经营分析与绩效管理、全面预算管理等多个方面。

智能时代的到来对企业的经营将产生重大影响，各行各业在这个过程中都或多或少地会被改变。企业会成为智能服务的提供商，或者成为智能技术研发的参与者，也可能在当前的业务模式中引入智能化工具，创新商业模式，提升竞争力。无论如何，智能化会对企业未来的经营产生重要的影响。部分公司会在战略层面进行调整，也有一些公司会进行战术层面的适配。

战略财务要能够敏锐地跟上企业的战略和经营变化的步伐，主动对公司的战略或战术改变提供支持，而非被动响应。

在战略财务领域，智能化技术的影响主要集中在经营分析和全面预算管理两个方面。

1. 智能化对经营分析的影响

什么是经营分析体系？经营分析并不是简单地做一些分析报表。对于企业来说，要让经营分析能够体系化并且发挥管理价值，需要将经营分析构建在一套相对稳固的机制之上。

对于经营分析来说，其核心是由数据、指标和报表三个层次构成的，如图1-8所示。

报表层：基于指标进行展示，形成决策支持能力

指标层：名称、维度、维值，全面梳理分析方向

数据层：提供经营分析的数据基础

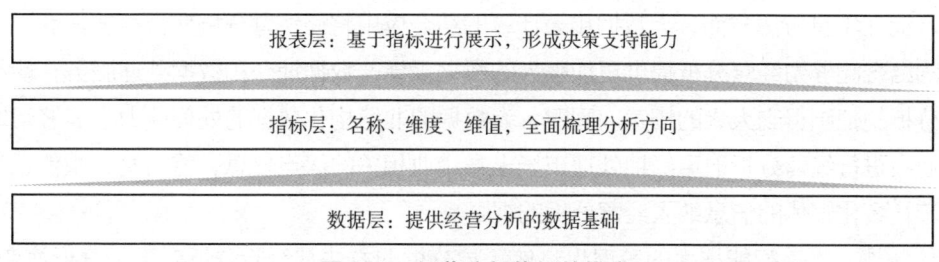

图1-8 经营分析体系的构成

数据比较容易理解，有了丰富的数据积累，我们才有可能展开分析。无论是传统阶段的财务，还是智能化阶段的财务，数据都极其重要。而在智能化阶段，数据的范围更是从结构化数据扩展到了非结构化数据，大数据概念的引入也让经营分析有了更多的可能。在经营分析体系中，要构建一个好的数据基地需要企业对数据仓库、数据集市有一个清晰的规划和设计，对数据的定义、标准、来源和采集有清晰的业务逻辑。当然，数据仓库和数据集市都是数据的载体，要想避免数据垃圾的产生，系统本身的数据质量要有所保障。而对这种数据质量的保障来自前端业务流程和信息系统的有效搭建和管理。

指标是一种衡量目标的单位或方法。当我们进行经营分析时，会围绕企业经营的目标来设定一些衡量标准，这些衡量标准能够评价经营结果是否达到了设定的目标，从而帮助我们进一步提升企业的经营管理水平，这些衡量标准就是经营指标。指标的管理在经营分析体系中尤为重要，好的管理体系要构建企业的指标树，并定义每个指标的名称、维度和维度值。一套清晰有序的指标体系能够帮助企业集团更透彻地看清楚自身的经营情况和管理水平。

经营分析结果的展示，也就是报表，实际上就是将各种指标的不同层级维度交叉组合起来进行应用的产物。因此，在搭建报表体系时，我们要先明晰经营管理者到底需要看到什么，在明确需求后，选取能够说明问题的指标，并在匹配和管理对象相关的维度信息后进行组合展示。此外，在报表的指标组合中，我们还经常需要用到使用说明来解释指标。

在理解了经营分析体系后，我们再来看智能化对经营分析的影响。

智能化技术将对经营分析的视角和工具方法带来影响。从分析视角上来说，传统经营分析所受到的数据的局限性将被打破。在大数据的基础上，能够从因果分析向相关性分析增强。由于数据的边界从企业内部延展到社会化数据，对于KPI、经营分析报告、市场对标等职能都可能获得更加可靠的数据基础，从而对经营分析结果的可用性带来更大的帮助。

而在工具方法方面，大数据和云计算的结合应用将使经营分析变得更加灵活。二者的结合能够为经营分析提供更加强大的数据采集、数据捕获和数据处理服务，使经营分析的范围得到大大的拓宽。同时，大数据的非结构化数据的处理能力也能够帮助企业在进行经营分析时更好地处理市场上与企业相关的热点信息，将新闻、微信、微博等社会化媒体的信息纳入经营分析的视野。

此外，人工智能技术的发展也将使经营分析的方法从经验分析向算法分析演变，使更为复杂的分析能够得以实现。同时，基于机器学习、算法的自我优化，能够使经营分析的能力实现持续提升。

2. 智能化对全面预算的影响

预算实际上是一种对企业资源的配置方式，当股东设定了经营目标后，业务单位要达成这些经营目标就需要匹配相应的资源。从契约的角度来看，如果把预算作为一种契约，那么一方是企业的股东，另一方是企业的经营者。资源本质上属于股东，业务单位作为经营者向股东承诺经营目标，而股东向经营单位承诺支持其实现经营目标所需要的资源。当然，在经营目标达成后，会有相应的绩效激励，这又是另一个层次的契约关系。

因此，在企业进行预算管理的过程中，预算编制的核心是提出股东和经营单位都能够接受的资源配置方案，也就是在经营目标承诺和资源承诺上找到平衡点。

在企业预算管理的过程中，也就是资源配置的过程中会遇到一些难点，包括契约双方如何建立信任，使用怎样的标准来进行资源配置，如何提升资源配置效率，如何进行资源配置效果检验等问题。这些问题在传统财务管理阶段并不容易解决，往往会通过变通和妥协的方式来解决。但在智能化时代到来后，这一情况将有所改观。

其一，在制订经营计划和预算编制过程中，智能化技术能够发挥重要作用。由于经营计划和预算编制是资源配置的过程，资源配置的方向、权重是否合理是预算编制结果是否能够发挥价值的重要评价标准。大数据分析能够帮助验证业务部门在资源投向上所讲故事的真实性，能够展开更为清晰的资源投向和业绩达成的相关性分析，从而使得财务有能力对资源配置投向进行评价。

其二，在预算预测的过程中，能够基于大数据、机器学习等方法构建更为复杂和完善的预测模型，能够展开大量复杂场景下的敏感性分析，从而提升预算预测的可靠性和对未来复杂不确定性的预判能力。而现在，让人更加期待的模拟技术正在出现，引入人工智能的虚拟商业生态系统能够让未来的预测建立在与真实社会相仿的现实模拟环境中，如在拟真的环境中投放广告、设置不同的预算投入、模拟用户的真实反映、评价预算的投入效果等都可以在未来成为现实。

（二）智能化与专业财务

专业财务可以说是财务框架几个模块中最为成熟的部分，是企业财务管理的基础。也就是说，没有战略财务、业务财务和共享业务都是可以的，但如果没有专业财务就会导致整个财务体系无法运转。当然，成熟的背后也意味着更大的提升空间。

专业财务领域包括会计报告管理、税务管理、资金管理、合规管理、管理会计、成本管理及财务风险管理等多个领域。智能化阶段对财税管理、管理会计、风险管理有较大的影响。

1. 智能化对财务报告与税务管理的影响

会计与报告在传统的会计电算化、财务信息化过程中一直是重要的建设领域，财务的各项信息化工作在早期也都是在这个领域开展的。智能时代的到来对会计与报告管理领域信息化的提升带来了契机。

在报告领域，基于机器学习技术，可以实现智能报告。将会计报告交给人工智能来处理并非不可能，现在的人工智能写出的市场研究报告已经让人难以区分背后是资深研究员还是机器。基于相对结构化的报告范式，再加入人工智能基于市场反应的学习，智能报告或许对股价的提升会越来越有帮助。

此外，在税务管理中，还存在非常多可以借助信息技术实现自动化的领域，如对发票真伪的查验、发票认证、纳税申报等都可能引入智能化技术，进一步解放人力。

2. 智能化对管理会计的影响

管理会计的应用十分依赖信息系统的建设。在通常情况下，管理会计需要处理大量数据，如果缺少信息系统的支持，就很难实现日常的机制化运转。但在传统模式下，管理会计在支持系统的运算性能方面存在瓶颈，在性能难以支持的情况下，需要通过简化业务逻辑的方式来满足性能的要求。

管理会计技术支持的三个阶段，如图1-9所示。实际上，从多维数据库的出现开始，管理会计的性能已经得到了很大的改善。传统模式下的关系数据库对于大数据量的数据的处理，非常费时且性能较差，开发周期长，成本高。而多维数据库结构简单、容易理解，开发相对容易，却导致出现了很多冗余，多维数据库属于使用空间换取时间的解决方式。

关系数据库	多维数据库	财务职能化团队
• 管理会计的多维度管理需求难以支持，但运算性能不高成为管理会计发展瓶颈	• 能够有效进行维度的扩展，实现多维度下计算性能的提升，使管理会计进入可用阶段	• 基于大数据分布式架构，能够提供高算力的支持，性能和维度的可扩展性进一步增强，实现复杂应用

图1-9 管理会计技术支持的三个阶段

随着智能化时代的到来，管理会计将更多地从技术性能方面获益。针对管理会计最大的痛点——运算性能不足，在物理架构、硬件等方面的技术进步能够使这些问题有所缓解。基于云计算架构来搭建的多维数据库，或直接使用内存数据库来进行相关的管理会计数据处理，都有优化数据性能的机会。

另外，大数据技术架构的发展也为使用大数据平台来解决多维数据处理问题提供了新的技术思路。在实践中，已经有部分企业尝试着将新的管理会计的数据处理搭载在大数据平台中。基于大数据平台的技术优势，突破计算性能的瓶颈，使得管理会计系统能够处理更多的数据维度和更为复杂的逻辑。

3. 智能化对风险管理的影响

在专业财务中的风险管理领域，智能化也在发挥作用。

智能技术能够从事前、事中、事后三个层次，防范财务操作风险，如图1-10所示。

风险事前管控	风险事中管控	风险事后管控
• 基于机器学习，发现新的风险规则，从而补充和完善现有的风险指标体系	• 基于规则拦截风险事件，进行风险分级，训练模式，进一步提升规则的可用性和可靠性	• 建立不同类型的分析模型以发现风险线索，如基于决策树的模型、社交网络的模型、聚类分析的模型等

图1-10　智能技术对风险管控三阶段的支持

从事前防范角度来看，在传统模式下，我们所构建的风险监控体系是基于经验和分析的，但这种构建方式可能在认知完整性上存在缺陷。机器学习方法能够基于财务业务流程中大量的交易及风险事件，发现新的风险规则，从而补充和完善现有的风险指标体系，加强对事前风险的防范能力。

从事中控制角度来看，基于经验的规则的系统化能够实现初级人工智能的应用。通过大量的规则，我们能够发现财务交易中的潜在风险事件，并能够对一些风险事件进行直接拦截。此外，基于数据积累，我们能够对每一笔单据进行风险分级，针对不同的风险等级配置不同的控制流程，从而提升风险管控能力。同样，机器学习技术能够基于经验的规则积累，进行持续的训练优化，持续提升风险控制能力。而基于企业内外大数据的积累和挖掘，能够建立更为丰富的单据风险分级规则模型，使单据的风险分级更加准确。

从事后分析角度来看，能够建立起不同类型的分析模型以发现风险线索，如基于决策树的模型、社交网络的模型、聚类分析的模型等。这些模型的构建能够帮助我们在事后进一步进行操作风险审计和问题发现，通过跨交易单据的分析，发现更为广泛的风险线索，并基于风险线索进一步发现和解决问题。同样，大数据和机器学习有助于我们持续完善各种分析模型的规则，从而提升风险线索发现的精准度。

智能化技术在风险领域的应用是相对容易起步的，也适合企业作为迈入智能化阶段的前期选择之一。

（三）智能化与业务财务

业务财务本质上是战略财务与专业财务在业务机构端的延伸，也是财务共享服务在业务前端的支持与保障。因此，从业务职能的范围来看，智能化对其的影响与对战略财务、业务财务以及共享服务的影响是类似的。我们可以从业财融合的视角来关注智能化与业务财务的关系。

在智能化与业财融合方面，有两个技术对业财融合有比较重要的影响，分别为会计引擎与区块链。

1. 会计引擎与业财融合

为什么说会计引擎与业财融合的关系极其紧密呢？其根本原因是业财融合最大的挑战就在于业务信息向财务信息转换过程中的数据需要保持一致。

业务和财务都是按照各自的语言体系来进行经济事项的记录和反映。业务系统中记录的是每一笔交易的明细，在进行记录的时候只是从业务管理视角出发来记录交易中的各种业务细节。但很多时候，这种从管理角度出发的信息记录存在大量个性化和不规范的表达，难以最终汇集成企业经营的完整信息。

而对于财务记录来说，它是通过准则的约束和规范，将各种差异化的业务信息的表达最终转换为统一的会计语言，并反映出企业的实际经营情况。但由于会计语言的规范性要求，很多信息在以会计语言记录的时候进行了舍弃。

正是由于业务和财务两种语言体系的差异，信息从业务向财务转换的过程出现了一些困难和挑战。一方面，转换过程存在同样的信息其表达方式却不一致的问题，需要进行语言的对等翻译；另一方面，转换过程中存在数据出现偏差导致数据不一致的情况，需要进行业财核对。

如何解决以上问题呢？在业务系统与财务系统之间构建具有高度灵活性的会计引擎能够起到一定作用。

会计引擎是通过系统设计一个翻译器，针对不同的业务系统和财务系统之间的数据关系，在会计引擎中进行信息转换的初始配置。随后，在业务发生的过程中，每笔交易都能够最终通过会计引擎翻译为会计分录，完成从业务信息到会计信息的转换。

会计引擎本身并不是智能化的产物，目前市场上的大多数会计引擎被集成在不同行业的业务系统中，以解决行业的特性问题。但随着技术的发展，会计引擎逐渐被抽象为独立的产品，并有可能引入智能技术进行产品升级。

智能化阶段的会计引擎会在独立产品化的基础上建立跨行业的统一会计引擎模式。会计引擎可以引入机器学习技术，通过学习基于规则转换的历史数据积累，逐渐形成新的转换规则体系。有了这样的技术基础，会计引擎能够随着数据积累的不断扩充，在学习过程中持续提升业务到财务的语言转换能力，并最终实现新业务接入免配置。这就如同我们通过海量案例培养了业务专家，这些业务专家能够自主解决复杂的业财信息转换问题。

2. 区块链与业财融合

如果说会计引擎解决了业务信息向财务信息翻译的问题，那么区块链技术的出现则在推动业财一致性方面带来了新的思路。

本书不再用过多的篇幅阐述区块链技术本身。需要明确的是，区块链是一种分布式账簿。传统的财务记账的模式是只有一个集中的账簿，所有的账务信息都进行集中记载。业务系统中的交易记录可以理解为一本业务账，财务系统中的会计凭证则是财务账。二者是转换关系，所以在一致性上就容易出现问题。

而对于区块链来说，它能够在业务与财务之间构建一个平行账簿。任何一笔业务发生的时候，都同时在双方的账簿中记录一笔交易。而由于业务方在企业集团内部会有多个组织或法人的形态存在，也会在关联方或者内部往来方之间形成多个平行账簿。

基于区块链技术在企业底层搭建了这样一套平行账簿体系后，由于任何一笔交易都是在多账簿中同时记账的，这就解决了数据一致性问题。在实现了数据一致性后，业务系统与财务系统之间不需要再进行数据一致性核对，内部往来和关联交易的核对问题也能够使用类似的方式来解决。

（四）财务机器人、智能化与共享服务的补充

前面我们深度探讨过财务共享服务与智能化的关系，可以看到智能化阶段的到来能够极大地提升财务共享服务的效率，OCR、规则引擎、众包、人工智能等技术的综合使用，能够带来财务共享服务从传统模式向智能共享的跃迁。

在这里，我们对财务共享服务领域当下比较流行的财务机器人的概念进行说明。实际上，财务机器人从严格意义上来说并不能称为智能化，而更类似于脚本自动化的概念。机器流程自动化（RPA）与智能化业务流程自动化（IPA）应用的最大区别在于，RPA应用的实现基础依然是传统的流程规则的明确，而IPA应用的实现基础将会是机器的自我学习、自我认知能力。在智能化阶段，如果要迈入彻底的无人共享模

● 智能时代财务管理转型研究

式，需要将多种技术进行组合使用，而财务机器人就是其中的重要一环。

那么，什么是RPA呢？这项技术实际上是通过模拟人工作业的方式，将一些无法通过系统集成的系统手工：操作进行自动化的处理。以最常见的应付流程为例：维护供应商数据—提交采购请求/采购订单—收货确认—收到供应商发票—三单匹配—调整差异—建立付款日期—准备付款—批准付款—付款执行—记账……在这个流程场景中，绝大多数业务环节都可以采用RPA来协助完成，如RPA可以协助企业进行供应商信息更新、创建采购申请、查询物流信息、更新采购计划、收货确认提醒、三单匹配核对、核对价格、检查付款差异、信用检查、银行对账等，通过这些环节的自动化应用，会在很大程度上提高应付流程的执行效率和质量[①]。

RPA更类似于Office系统中的宏工具，只是功能上比宏工具强大了很多。RAP的优势有如下几个方面。

首先，RPA并不是孤立的应用程序，而是具有服务端和能实现统一调度管理的工具。在这一功能的支撑下，RPA能够实现对多流程自动化任务的统一管理，也就是说，能够清晰地监控这些自动化任务发生的过程和执行结果。

其次，RPA技术最大的优势在于能够实现跨系统平台的作业。这与宏工具不同，如果自动化任务只能在如Office这样的封闭系统中运行，那么要实现全流程的自动化就非常困难了。RAP能够跨越系统平台进行作业，这与人工作业的情况极为相似。甚至，对于使用虚拟系统的机器，RPA也能够支持本机和虚拟机之间的自动化交互作业，进一步扩大了应用场景。

再次，RPA技术的学习成本非常低。这并不是一个需要程序员技能的工具，对于具有一定计算机基础的财务人员来说，经过培训也是可以掌握此工具的使用方法的。这使RPA能够更好地下沉至财务共享服务中心一线，在财务共享服务中心内部实现更为及时、动态的流程优化。

最后，RPA中也能够进行一些简单的规则处理，这从某种意义上与规则引擎发挥的作用是相似的，能够使流程中一些需要简单判断就能进行的处理无须使用更为专业的规则引擎，而能够使用RPA直接实现。

当认识了RPA的这些特点后，我们再来关注一些财务机器人在实施过程中需要关注的要点。

首先，财务机器人的实施并不仅仅是技术问题，核心在于对流程的分析和梳理，

---

① 孙逸，董志强.RPA：财务智能化的必经之路[J].新理财，2017（21）：64-65.

并基于流程分析的发现设计实施方案。这个过程更偏重于对流程的理解，因此财务机器人的项目不能脱离业务开展，必须要依赖一线业务人员的深度参与，方能够发挥其价值和效果。

其次，要意识到RPA并不是万能的，更好的解决方案是实现系统的深度集成。但由于IT开发进度的问题，或者系统之间本身难以集成，很多情况下还是需要使用RPA作为对系统集成以外大量零散手工问题的补充解决方案。很多时候，这些零散的手工环节系统集成的代价非常高，使用RPA有时候能够起到意想不到的作用。

智能化对财务共享的影响是深远的，而这一进程也将持续进行，并集成更多新的技术形成合力。

（五）智能化助力财务管理实践再升级

财务转型已经正式迈入了智能化的阶段，这已经不再是假想中的趋势，而是已经在发生的事实。对于企业集团的财务转型之路来说，在实现从核算向共享，出纳向司库转型的过程中，必须要重视并且抓住技术升级转型这一重大趋势，以智能化技术为基础，全面升级企业的财务信息化能力，为业务转型奠定扎实的基础。

在漫长的转型道路中，我们经历了管理模式的升级、信息技术的进步。财务管理实践在这一过程中从未止步。对于企业财务来说，在这个过程中，无论是组织、团队还是财务人员，都在积极进行自我提升，以适应甚至是引导这一变革。

智能化的到来并不可怕，从某种意义上来讲，这是时代赋予我们的新的机遇。财务人员在这一浪潮到来的过程中，如果能够积极面对自身能力全面升级的需求，必然能够在此过程中掌握主动权，将智能化技术与财务管理的场景进行深度融合，从而在管理实践中创造出更大的价值。

第三节　智能时代财务管理新逻辑

智能时代的到来改变了财务组织、财务人的认知及财务信息技术，但更重要的是改变了财务逻辑，来自逻辑层次的改变才是最终触达灵魂的改变。当我们面对智能时代，苦苦寻觅该做些什么的时候，不妨一起来思考智能时代的新逻辑，如图1-11所示。

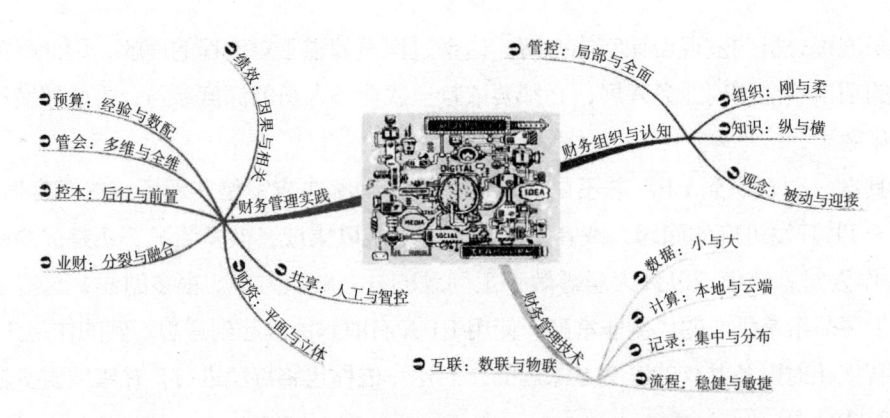

图 1-11　智能时代财务管理的新"逻辑思维"之思维导图

一、财务组织与认知的新逻辑

财务组织与认知是财务主体的躯干与心智，当智能时代来临时，首先要强身明智，认识到财务组织与认知在智能时代的改变是财务智能变革的基础。让我们从管控、组织、知识、观念四个关键词来看财务组织与认知的新逻辑。

（一）管控：局部与全面

现代财务管控受到组织壁垒的严重制约，从集团到业务板块，到专业公司，再到机构，每一个层次之间都存在着无形的数据壁垒。今天，当无法将人力直接渗透至最末端的时候，数据是我们实施集团管控的关键，而数据壁垒的存在让管控的力量层层衰减。智能时代的数据将实现高度的集中和透明，数据无边界将成为可能。当数据壁垒被打破时，财务管控势必将从局部走向全面。这是智能时代管控的新逻辑。

（二）组织：刚与柔

现代财务组织建立在刚性管理的基础上，泰罗的科学管理理论将人看作"经济人"和"会说话的机器"，强调组织权威和专业分工。刚性组织的管理依靠组织制度和职责权力，管理者的作用在于命令、监督和控制。而智能时代需要的是更多的能动与创新，"会说话的机器"将被人工智能这个"真的机器"所替代。在智能时代更需要柔性组织，柔性管理擅长挖掘员工的创造性和主观能动性，依靠共同的价值观和组织文化调动员工的高层次主导动机，实现智能时代管理所需要的跳跃与变化、速度与反应、灵敏与弹性。这是智能时代组织的新逻辑。

（三）知识：纵与横

现代财务管理对财务人员的要求首先是要有专业的纵深能力。财务管理本身涉及会计、税务、预算、成本等多个垂直领域，很多财务人员常年围绕一个纵深领域从事工作，也因此形成了自身在某一领域很强的专业能力。但在智能时代，财务管理的视野将被极大地拓展，人工智能能够辅助增加财务人员的知识深度，而更多需要的是具有横向宽度，能够进行跨专业领域协同创新的新知识体系。如图 1-12 所示，在智能时代，适度的专业宽度和专业深度所形成的 T 字形知识结构将更具有价值。这是智能时代知识的新逻辑。

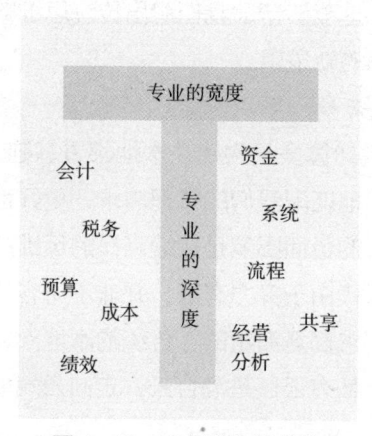

图 1-12　T 字形知识结构

（四）观念：被动与迎接

如今财务人员的观念多数在潜意识中还是偏重被动的，在现今社会，财务人员被认为且自己也认为需要用严谨的态度去处理和解决问题。管理层和业务部门也常常会认为财务是后台角色，做好自己的事情，有问题能解决就可以了。这些都是典型的被动观念和思维。在这种认知和定位下，财务人员能够掌握的资源就会极其有限，难以起到很好的管理推动作用。在智能时代，将更多地强调财务基于大数据和智能分析的主动发现和管理能力。对财务来说，要实现这样的观念转变，就需要逐渐转向强势财务，从被动响应变化转变为主动迎接挑战。这是智能时代观念的新逻辑。

二、财务管理技术的新逻辑

管理技术是财务主体的脉络。好的管理技术能够让财务主体运转得更具活力，并焕发出青春的能量。财务管理技术的逻辑转变将让财务能够触及更为广阔的管理技术领域，获得更加先进和更有价值的管理技术工具。让我们从数据、计算、记录、流程、互联五个关键词来看财务管理技术的新逻辑。

（一）数据：小与大

传统的财务数据处理和数据分析都是建立在结构化数据基础上的，也可称之为"小数据"。这也是我们最擅长的领域。传统财务分析领域的技术工具也多是基于"小数据"开展的。对财务来说，即使在智能时代，"小数据"也仍然是不可舍弃的核心，毕竟太多的财务管理理论都是构建在结构化数据基础上的。但对我们来说，在手握"小数据"工具的同时，还要高度重视大数据。基于大数据的技术工具，让海量非结构化数据的处理成为可能，这能够帮助我们跳出传统思维的局限，探索出一片广阔的新天地。这是智能时代数据的新逻辑。

（二）计算：本地与云端

传统的信息系统或者说计算多是构建在本地部署基础上的，从用户的角度来看，本地部署模式能够更加灵活地匹配我们的管理需求，更好地支持按需建设。但随着本地部署量越来越大，其带来的负面影响是持续高昂的运维成本的投入，以及企业大量资产的占用。这些在传统时代由于算力有限，并非不可容忍之痛，而在智能时代，大数据和机器学习对算力的要求都是海量的，传统的本地部署模式势必受限，云计算将成为首选，无论是公有云、私有云还是混合云，走向云端成为必然。这是智能时代计算的新逻辑。

（三）记录：集中与分布

传统财务信息的记录采用的是集中记录的方式，或者说"有中心"的记录方式。这种方式的好处是数据存储量小，不会产生大量的资源消耗，但数据的安全性及一致性并不是很高。因此，很多公司常见的财务问题是业财不一致，或者可以解释成不同系统之间的同源数据不一致。而在智能时代，随着区块链技术的出现，记账方式发生了革命性的改变，从原来的集中记账转变成分布式记账，将财务信息进行去中心化的多账本同步记录。虽然这种财务信息记录模式会造成大量的数据冗余，但网络和存储的快速发展克服了这一不足，信息记录从集中到分布将有越来越多的应用场景。这是智能时代记录的新逻辑。

（四）流程：稳健与敏捷

为保持传统财务端到端流程的可靠性，大家更多的是进行流程固化。在业务流程相对稳健的模式下，流程的可靠性和维护的便利性得到增强，但丧失了较多的流程灵活性，以及对客户需求响应的可能性，从而造成客户满意度的下降。在智能时代，更为高效的流程引擎能够支持维度更加丰富的流程控制，并且能够基于动态数据分析及时调整流程控制参数。同时，流程中智能自动处理的环节在增加，流程变动并不会给运营造成过多压力。在这种情况下，适度地将流程从稳健向敏捷转变成为可能，也将会赢得财务客户的青睐。这是智能时代流程的新逻辑。

（五）互联：数联与物联

传统的财务关注数字之间的联系，无论是流程处理还是经营管理，都更多地关注数字流转。数联时代帮助我们将一系列的经营管理过程及流程转换为数字形态，从而可以展开量化管理。而在智能时代，我们可以在数联的基础上引入物联。随着物联网应用的逐渐展开，在企业经营中关键实物、运输、人、财务凭证等的流动都可以打上物联标签，而将物流信息进一步转换为数字信息，让我们可以通过数字进行进一步分析，引入在没有物联时难以关注到的管理视角，如更为复杂的物流运输的成本管理等。物联并不是排斥数联，这里强调的是将物联转换为数联，在数联里加上物联的信息。这是智能时代互联的新逻辑。

三、财务管理实践的新逻辑

管理实践是财务主体的手足，手足敏捷能够帮助财务主体变得更加刚劲有力。财务管理实践的逻辑转变能够让我们在实践工作中引入不同的视角，通过另一种模式对现有的实践进行转换和升级。让我们从绩效、预算、管会、控本、业财、共享、财资七个关键词来看财务管理实践的新逻辑。

（一）绩效：因果与相关

在传统的财务管理中，绩效管理通常会预先设定因果，通过设定关键绩效指标（KPI），并设定目标值来监控业务部门的执行情况。当KPI结果发生偏离时，势必要找到其原因，再进一步寻求解决措施。这是典型的因果分析法，也是当下主流的绩效管理思维。但在智能时代，大数据并不强调因果关系，而更关注相关性，这为经营分析打开了另一扇窗。基于大数据分析，我们从数据角度去找到影响KPI偏离的因素，并获得其影响方向，直接对这些因素进行干预管理，不解释为什么，不用必须向业务部门说明其中的逻辑。这是智能时代绩效的新逻辑。

（二）预算：经验与数配

传统的预算编制或资源配置往往基于经验，即使采用复杂的作业预算概念，其中的业务动因也大多是基于经验形成的。因此，传统预算是一种经验预算的说法是不为过的。这种经验预算对预算编制人员的经验要求很高，并且其结果很不稳定，往往在预算沟通过程中会有很大的弹性和空间。同时，沟通双方都很难找到合适的逻辑说服对方。而在智能时代，依靠大数据的可预测性，通过分析数据，从结果出发，能够找

29

到影响经营结果的热点因素。通过确定这些热点的资源投入，实现精准预算或精准资源配置，我们称之为数配。这是智能时代预算的新逻辑。

（三）管会：多维与全维

传统管理会计的核心部分就是维度，而维度往往又是很多管理会计人员的痛苦回忆。在当前模式下，管理会计要实现多维度盈利分析的目标，关系型数据库的性能早已无法支持，多维数据库成为当下管理会计系统数据载体的主流。即使这样，在管理设计中，大家也仍然极其谨慎，减少一切不必要的维度，以提高运行效率。而在智能时代，无论是算力还是数据处理模式都将可能有更大的提升空间。虽然在当下还没有看到技术突破至理想的状况，但相信在不远的将来，维度的组合计算将不再是业务设计的约束，全维管理会计将成为可能。这是智能时代管理会计的新逻辑。

（四）控本：后行与前置

传统的成本管控往往是在成本发生后进行的事后追踪。即使往前推进一步，做到设计阶段的成本管理，在现阶段也是必要的，是能够发挥作用的。而随着智能时代技术的进步，成本、费用被细分为一个子类，针对不同子类都可以进一步向前延伸，建立专业的前端业务管理系统，如商旅管理系统、品牌宣传管理系统、车辆管理系统、通信费管理系统等。这些前置业务系统和财务系统之间无缝衔接，将成本费用的管理前置到业务过程中。这是智能时代控本的新逻辑。

（五）业财：分裂与融合

传统的业务系统和财务系统之间存在一定的分离情况，业务系统通过数据体外传递的方式完成和财务系统的数据对接。而近年随着业财融合的深入，出现了单个业务系统在体内自建会计引擎，并对接财务系统的模式，但多个系统之间仍然是分裂的。在智能时代，随着会计引擎应对复杂性能力的提升，将能够逐步建立起大型企业内部统一的会计引擎，并作为载体融合多个前端差异化的业务系统，从而实现业财对接从分裂到融合的转变。这是智能时代业财的新逻辑。

（六）共享：人工与智控

当下的财务共享服务采用的是典型的劳动密集型运营模式，将分散的财务作业进行集中处理。这种模式的建立在过去十年内极大地解决了国内企业在会计运营成本和管控能力上所面临的问题。但也要意识到，劳动密集本身也存在着成本和操作风险。在智能时代，基于人工智能和机器学习的共享作业将逐渐取代依赖于人工作业的模式。基于前端数据的丰富采集，依托智能规则，可以大幅降低财务共享服务中心的作业人力，从劳动密集型运营转变为技术密集型运营。依托人工智能，可以实现在智能作业时开展更加丰富的智能风控。这是智能时代共享的新逻辑。

（七）财资：平面与立体

在传统的财资管理系统中更多的是平面化的财资管理，所谓的平面化是指将财资管理的重点放在账户管理、资金结算、资金划拨、资金对账等交易性处理流程上。这也是很多国内企业目前资金管理水平的基本状况。而在智能时代，随着对复杂的资金管理模式技术支持能力的增强，财资管理将从平面走向立体，一方面，财资管理从交易处理模式转型为复杂的司库模式，在资产负债和流动性管理、风险管理领域进行更为丰富的实践；另一方面，财资管理从企业内部资金管理模式向供应链金融模式转变，构建起多维度立体的财资管理体系。这是智能时代财资的新逻辑。

以上就是我们提出的智能时代财务管理的新逻辑，也是构建智能时代财务管理体系的思想基础。可以看到，智能时代已经全面到来，只有从思想基础上做好准备，我们才有可能拥抱这个大时代的到来。

第四节　智能时代财务新商业经济的转变

智能时代的来临让我们每一个财务人员受到了它的影响，并且推动了财务人员形成驱动自我进步的新逻辑思维。智能时代对社会的改变远不止于此，它正在用自己的方式推动着整个社会的革新与进步。作为社会中非常重要的一环，商业也正在发生改变。本节我们一起来看一看智能时代正在出现什么样的新商业经济，以及这些新商业经济又是如何给财务的未来带来改变的。

那么，什么是新商业经济呢？可以将它理解为一些能够改变商业模式和商业行为的新的思想观点。在这些新的思想观点的背后，往往能够带来广泛的社会影响和大量商业模式创新的机会。我们在这里要谈到三点：共享经济、跟踪经济和合作经济，如图1-13所示。一方面，帮助与本书共同思考财务未来的朋友们深入理解和认识这些新的商业经济思维；另一方面，从这三个新商业经济思维的视角去发现可能改变财务的机会。

图1-13　智能时代的新商业经济

一、共享经济与财务

说到"共享经济"这个概念，相信大家都不陌生。"共享经济"这个术语最早由美国德克萨斯州立大学社会学教授马科斯·费尔逊和伊利诺伊大学社会学教授琼·斯潘思在 1978 年发表的论文《群落结构和协同消费》中提出。但是，共享经济现象却是最近几年才流行的，而这种流行应当说是受到了美国作家蔡思的《共享经济》一书热销的影响。吴军在其专栏"硅谷来信"中也对共享经济有不一样的深刻理解。结合这些对共享经济的理解，我们来思考共享经济与财务的关系。

那么，什么是共享经济呢？

一种相对通俗的理解是一方把闲置资源的使用权拿出来，另一方通过付费的方式来获得使用权，在这个过程中，拿出资源的一方获得收益，使用资源的一方通过用类似租赁的方式，实现低成本和便捷的资源使用，这个过程形成经济循环。

从这种理解来看，共享经济似乎与分享经济极其相似，都以闲置资源或者冗余资源的共享利用为核心。共享经济的思想的确驱动了非常多的商业实践，如旅行住宿共享、物流共享、交通共享、闲置用品共享等商业模式都是共享经济思想下的产物。而在这种思想的影响下，财务领域也出现了一项非常重要的创新实践——财务共享服务，它解决了财务人力资源在分散模式下冗余浪费的问题，并实现了人力资源的共享。

随着我们对商业经济的观察，发现了一个问题，似乎并不是所有的依托闲置资源的共享经济模式都能够获得成功，也有不少成功的共享经济案例超出了闲置资源共享的概念范畴。

对于闲置资源共享的共享经济模式来说，一个极大的挑战是资源互通共享中存在的共享成本。例如，要把大家手中的闲置图书拿来共享，并形成商业模式，就要考虑闲置图书在流动过程中的物流成本和沟通成本，可能很难将人们从直接购买新书的商业经济转变到闲置图书共享经济的模式中来。

另一些并非基于闲置资源共享的新共享经济模式似乎取得了更大的成功，并值得我们借鉴。最为典型的是滴滴打车和共享单车。如果仔细研究就会发现，实际上这两种模式中都不是在使用闲置资源，如滴滴用车所用的车是大量社会人员为加入滴滴司机中来而购买的新车；共享单车也不是对人们家中闲置的自行车进行共享，而是向市场上投放大量的新自行车。这两种模式并没有使用闲置资源，但又都属于共享经济，其本质是通过新增平台化工具和资源，实现新增资源的共享，并以此来激发和创造出新的用户使用需求。例如，共享单车，在这种模式出现后，原本并不热衷于自行车的社会成员对自行车的使用量突然呈现出现象级的上升。那么，共享经济对财务又有怎样的启示呢？

基于增量资源实现共享经济的核心在于以下三点：打造新的工具或资源平台；共享新的工具或资源；基于以上条件创造新的用户需求。

在这样的新共享经济思维模式下，财务管理或财务服务市场可以从一些新视角进行思考。虽然我们说财务共享服务模式在过去十年间是一项非常重要的创新实践，但也要认识到，这仍然是建立在传统共享经济思维模式下的。那么，新的共享经济思维模式能够给我们带来怎样的启发呢？这里笔者尝试提出两个想法，抛砖引玉，希望可以引发大家的思考。

第一，集团财务领衔进行技术平台投资和创新的增量共享经济。

在增量资源共享思想的指导下，集团化企业不妨考虑形成一种集中投资先进技术平台，提供给集团内下属各个子公司使用的共享经济模式。

在这种模式下，对于集团来说，投入了一笔增量资源，这些资源将用于技术研发，研发取得的成果以较低的成本提供给各个子公司使用，让那些本身并没有太多想法和能力使用财务新技术或进行财务创新的专业公司，也有机会迈入财务技术革新之路。这样就如同在市场上投放了一大批共享单车，让那些原本没打算骑车出行的人群改变习惯，开始骑车出行。

事实上，智能时代正在改变财务的新技术（如大数据、云计算、人工智能、区块链等）的研发投入都是非常大的，如果仅仅依托子公司的资源，实现起来难度会很大。而集团财务基于共享经济的思路进行建设，将使作为用户的子公司更加积极主动地发现和创造自身的财务管理创新需求，从而带来整个集团管理水平的大幅提升。

第二，用高品质中小企业财务共享服务提升代理记账市场。

在国内的中小企业财务服务市场中，存在着大量良莠不齐的代理记账公司。这就如同在滴滴模式出现前的出租车市场，既有规范运营公司的出租车，也有大量黑车，整个出租车市场混乱不堪，用户也难以得到好的服务。而滴滴模式通过共享平台的方式，定义了新的准入标准、新的调度方式，将各种各样的资源进行有效共享整合，并且在标准化体系中引入了大量新的专车司机，使整个市场标准日趋规范，并且扩大了整体用户规模。

因此，未来的代理记账市场，同样需要类似于滴滴的财务共享服务平台，通过规范代理记账行业的服务标准、信用体系，并能够依托信息系统进行供需关系间的撮合服务。在这个基础上，引入更多高品质的财务服务商，势必将使整个服务市场更加规范，并推动用户在简单的记账需求基础上衍生出对财务服务商在税务、财务制度、财务管理、经营分析等方面全方位的业务需求，实现增量共享经济。

二、跟踪经济与财务

在智能时代第二个重要的商业经济思维是跟踪经济。顾名思义，跟踪经济的含义是在对某一个事项跟进追踪的过程中挖掘其商业价值。实际上，在过去近二十年的时间内，跟踪经济一直都在发挥作用，并且随着时代的变迁而不断发展。

早期的跟踪经济建立在 PC 的互联网基础之上，接下来的跟踪经济建立在手机，特别是智能手机的移动互联网基础之上，而智能时代的跟踪经济则建立在物联网基础之上。

基于 PC 的互联网跟踪经济能够实现的跟踪范围是有限的，通常无法超出计算机的物理位置，在这种情况下，当用户访问互联网时，互联网能够记载用户的登录地点和访问时间，我们可以结合这两项信息做一些简单的商业模式的挖掘，如简单的行为习惯分析、消息推送等。

基于移动互联网的跟踪范围能够从 PC 的固定位置扩大到人在移动时的动态位置。这一跟踪范围的突破使商业创新也得到了突破。通过对人移动位置的记录，发展出了高德地图的人车定位、美团外卖的送餐小哥位置定位、滴滴叫车时的乘客定位、移动考勤签到等多个方面的丰富的应用。

而第三个阶段的跟踪经济则建立在智能和物联网基础之上。在这个阶段中，物联网通过结合多种跟踪设备与智能时代的高运算能力，能够实现对人/物的位置、时间、行为的全方位分析。这种分析能力使跟踪经济的商业模式出现爆发式增长。我们重点对这一阶段的跟踪经济进行探讨。

（一）跟踪经济的发展特点

在跟踪经济的发展历程中，有着怎样的发展特点呢？我们看到了三个方面：智能物联阶段的跟踪设备在丰富；智能物联阶段的分析能力在提升；智能物联阶段的商业应用在进步。

1. 智能物联阶段的跟踪设备在丰富

在智能物联阶段，跟踪方式得到了丰富。首先，智能手机仍然是跟踪的重要工具之一，但跟踪的精度和时效性都较以往大幅提升，可以说，能够做到精准实时的位置定位。其次，无线射频技术（RFID）的低成本广泛应用使对物体的大范围跟踪成为可能。最后，智能穿戴设备的普及使使用手机跟踪时的不足得以弥补，如游泳、睡眠等不适合使用手机跟踪的场景都找到了新的跟踪方式。

2. 智能物联阶段的分析能力在提升

随着跟踪设备的丰富，所能采集的跟踪信息也呈现出几何级数的上升。在这种情况下，对数据分析时计算能力的要求大幅提升，好在智能时代基于云计算技术及计算机本身算力的提升、大数据技术的发展，足以应对这样的大数据分析。在智能物联阶段，我们已经不再受到算力的约束，可以精选数据进行分析，并且可以对采集到的海量数据进行充分应用，如实现跟踪物体的每一次移动、人体的每一个动作等。

3. 智能物联阶段的商业应用在进步

智能物联在商业上的应用受益于跟踪设备的丰富和分析能力的提升，如共享单车实现了移动手机和共享单车中定位芯片的组合跟踪，并形成了新的商业模式。再如，在电子商务中，对商品出厂后的完整的移动路径可以实现跟踪，使商品造假的难度大幅提升，用户可以轻易完成对商品的寻源查询，特别是对于一些单品价值较高的网购商品，能够轻易识别其是否存在异常，如用境外商品充当国货的情况。

（二）基于跟踪经济思维对财务的启示

对于财务来说，当跟踪成本大幅降低后，广泛地应用跟踪技术来提升财务管理的水平将成为可能。跟踪经济最重要的是能够提供大量财务所需要的核算、风控、分析的辅助支持数据，而对这些数据的充分应用，将可以解决不少在传统财务模式下难以解决的问题。

1. 解决存货、生物资产等的管理、核算、审计问题

在传统财务模式下，对于存货的管理往往需要输入大量业务信息，无论是对于企业自身的财务，还是对于外部的审计师来说，这些业务信息输入的可靠性都需要进行验证。在笔者经历过的实例中，企业发往海外的产品备件被闲置在海外的仓库中多年无人问津，从而给公司造成巨大的损失，在财务上也难以反映实际情况。对于生物资产来说，采用传统的管理模式则更加困难，如如何盘点移动中的羊群。而跟踪经济能够给这些问题提供很好的解决方法，如通过跟踪芯片能够轻松地完成对存货、生物资产的实时跟踪。对位置的精准分析有助于完成大量依赖库位转移进行财务核算工作的自动化处理，存货管理能力高度优化，使业财一体化的水平得到进一步提升。

2. 解决合同、印章、银行账户 UKey 等重要风险物品的管理问题

在财务管理过程中，合同、印章、银行账户 UKey 等都是风险较高的物品，在传统模式下对这些物品的管理难度很高，也容易发生财务操作风险事件。而在跟踪技

术下，通过在合同、印章和银行账户UKey中直接附加跟踪芯片，能够实现对这些高风险物品的精准风险管理，如这些物品和保管位置之间的预警管理，当物品距离保管位置达到预警距离时将直接触发报警系统。结合保管柜的权限管理系统，能够实现对这些高风险物品被使用的具体场景的还原，能够回答诸如"谁？在什么时间？用过什么？"等风险管理问题。

3. 实现基于丰富的跟踪场景的经营分析和业务财务管理

在传统的经营分析和业务财务工作中非常大的挑战是财务和业务之间存在距离，虽然一直强调财务要深入业务，但很多时候，客观情况使我们难以完全做到这一点。这使财务分析很容易浮在表面，而难以深入分析问题的本质。跟踪经济能够在某种程度上优化这一情况，随着智能物联的发展，业务部门本身存在采用物联网管理的强烈动机，而当整个社会发展到一定阶段后，物联网必将形成社会的统一规范。这个时候，财务应当积极地将物联网背后的大量信息引入使用，并且有可能打破自身企业的边界，结合整个供应链中的物联信息去获得更为广泛的数据基础。在此基础上，财务的经营分析和业务财务工作能够获得与业务部门相对同等的信息透明度，财务业务一体化得以深度实现。

三、合作经济与财务

最后要讲的一种经济形态叫作合作经济。合作经济看似很好理解，但很多时候大家的理解可能不够充分，这就会导致后续在进行商业模式创新时遇到困难。那么，如何理解合作经济呢？

人类一般意义的合作行为由来已久，但是作为一种特殊的社会经济组织现象和合作方式，合作经济是近代社会的产物，是人类社会发展到资本主义阶段后才出现的。合作经济思想起源于空想社会主义。19世纪初，以圣西门、傅立叶、欧文为代表的空想社会主义者幻想了一个没有剥削、没有贫困、协同劳动、平等和谐的理想社会，这是合作经济的思想雏形。

当然，今天的合作经济已经有了新的演变。当下，一个非常广泛的使用合作经济的概念是"互联网+"，即将互联网与某一个传统行业进行组合，从而形成一种新的商业模式。部分模式已经取得了比较好的应用成果，如互联网金融等，其为社会带来了巨大的价值共享。但很多时候，这种组合并没有产生很好的效果，如"互联网+"上门洗车、"互联网+"上门美甲等模式都没有取得预期的效果，原因在于有不少所谓的商业创新是强行相加。而在合作经济下，不仅仅局限于"互联网+"的模式，还可以往回退一步看看"互联网+"的模式，如金融行业充分利用互联网工具，同样能够使行业迸发出新的生命力。

在合作经济模式下，我们可以更多地关注"传统产业"+"新技术工具和商业思想"的组合，无论谁加谁，都可能出现创新。

对于合作经济与财务来说，大的方向应当是将财务传统的业务模式与智能时代的新技术进行充分的结合应用。从笔者的理解来说，这种方向是趋势性的，并不存在争议。

但在这里，笔者想深入地谈一谈作为市场上提供财务服务的厂商，要如何参与到这样一场时代性的合作中来。实际上，在财务与技术的合作中非常核心的一环是技术能力，对于有不同技术能力的市场参与者来说，其面对的选择可能是不一样的。

第一，有技术实力的参与者。在这一场合作中，有一类财务服务提供商是有可能成为"财务+技术"中技术端的主导者的，如Oracle、SAP，对于国内市场来说，用友、金蝶等传统财务信息化厂商也有这样的可能。而另一些大数据、云计算、人工智能等技术领域的主导者，如BAT、平安，也可能成为这一场合作的重要参与方。对于他们来说，需要的是充分发挥自身的技术优势，深度参与到技术端的合作中去，并从技术角度设法推动一些商业模式的出现。但不得不说，这仍然是少数人的游戏，对于绝大多数财务服务市场的参与者来说，他们是没有能力去扮演好这个角色的。

第二，应用技术的摆渡人。在智能时代，如果对于绝大多数厂商来说无法成为那一小部分技术主导者，那么不妨看清楚自己的身份和定位，换个角色，积极地成为应用技术的中间人。

对于多数企业财务来说，实际上在这场"财务+技术"的合作中很难扮演好自身财务端的角色，这并不是说他们不懂财务，相反，这是他们的老本行，是他们最擅长的领域。但难点在于，如何将传统财务领域与新技术进行思想和技术层面的创造性衔接。对于技术端来说，他们更多的是在提供一种工具和平台，而如何将这些工具和平台应用到财务领域，很多时候这些"巨无霸"并不怎么在意；而对于在技术上并不擅长的财务人员来说，去创造性地寻找两者的结合点是很有难度的。这个时候，市场上的财务服务商不妨考虑将自身定位为结合传统财务和技术的"摆渡人"，通过帮助财务应用新兴管理技术来实现自身的价值，这可能是财务领域合作经济的最好模式。

第二章 智能时代财务信息化整体规划

第一节 智能时代财务信息化概念框架

智能时代的到来，带来了诸多新技术，而这些新技术在财务领域的应用场景也会日趋丰富。我们之前谈到了很多关于财务认知升级的话题，也谈到了在智能时代影响财务信息化建设的重要技术。当技术和财务有机地融合在一起的时候，就会发生一些美妙的化学变化。智能时代财务信息化架构应运而生，既有传统财务信息化的醇美，也有未来时速下的性感。让我们一起来探究智能时代财务信息化架构。

一、软件架构与财务智能化功能架构蓝图

首先，我们一起来看一看什么是软件架构，以及财务智能化功能架构的蓝图。

（一）什么是软件架构

对于财务来说，软件架构这件事情听起来还是有点儿复杂的，说得通俗一点儿，就是要搞清楚一个系统中有哪些构成部分，这些构成部分是怎样相互发生作用的。那么对于智能时代的财务信息化架构，就是要搞明白和传统财务信息化架构相比，多了哪些构成部分，以及各部件之间相互作用的方式发生了怎样的变化。"有什么功能"可以称之为功能架构，功能加上交互关系后形成的架构可以称之为逻辑架构。而在实际的软件架构设计中，还有多个视角的架构理解，如开发架构、运行架构、物理架构、数据架构等[1]，如图2-1所示。下面我们重点聊聊偏重于概念层次的功能架构。

---

[1] 温昱. 软件架构设计[M]. 北京：电子工业出版社，2012:98.

第二章 智能时代财务信息化整体规划

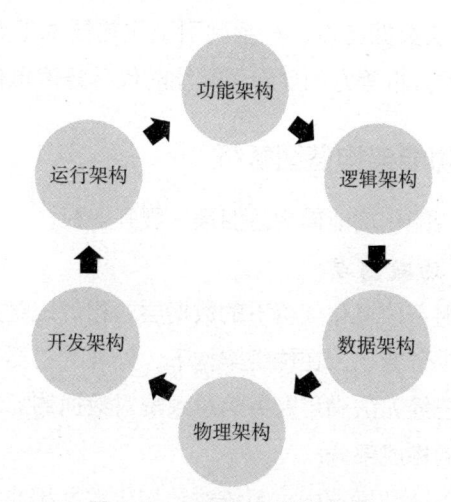

图 2-1 多视角的软件架构

（二）智能时代财务信息化功能架构蓝图

在这里，我们用更容易让财务人员理解的方式来表达智能时代财务信息化架构的概念，如图 2-2 所示。

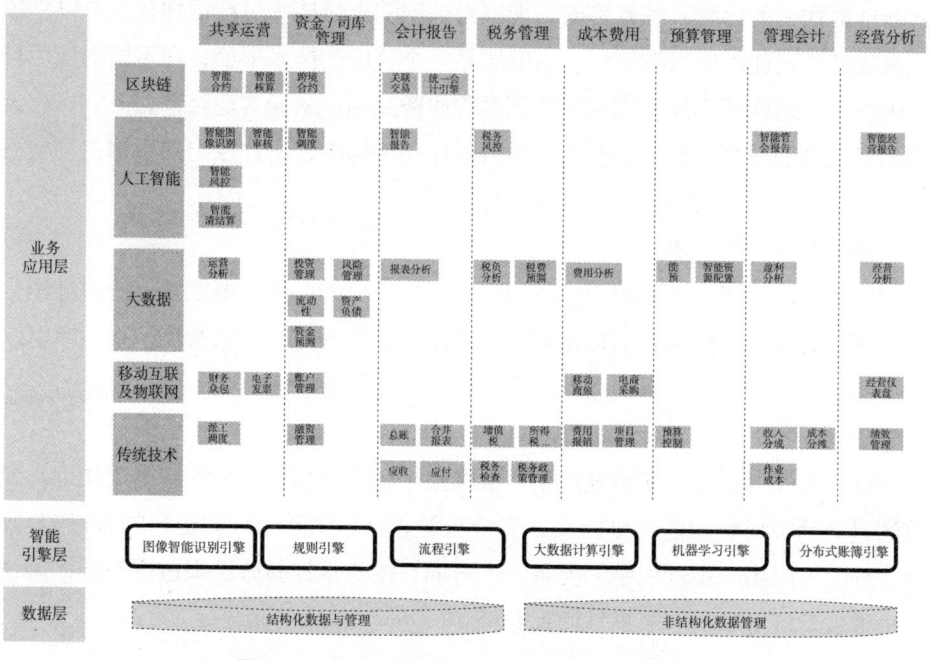

图 2-2 智能时代财务信息化功能架构蓝图

39

从图2-2中，我们从数据特点、一系列引擎化的技术工具，以及财务应用和智能时代新技术的组合场景分析等方面展示了智能时代财务信息化功能架构的全貌。

二、财务智能化功能架构蓝图解析

下面我们针对财务智能化功能架构蓝图逐一展开解析。

（一）功能架构中的数据层

首先要说的是智能财务信息化架构下的数据层。和传统财务信息化架构相比，最重要的是数据的内涵发生了变化。在传统架构下，处理的主要是结构化数据；而在功能架构下，结构化数据已经无法满足财务信息系统对数据的需求，非结构化数据被引入，并且成为非常重要的构成部分。

因此，在功能架构下的数据层中，系统对结构化数据和非结构化数据同时提供相应的管理功能支持，从数据的采集管理、对接管理、存储管理等方面进行相应的功能支持。

（二）功能架构中的智能引擎层

智能引擎层是架构中的另一个重要层次。之所以叫作智能引擎层，是因为想要在搭建智能时代财务信息系统架构时，能够对关键的支持技术进行组件化，并以引擎的形式来支持不同业务场景的应用。引擎层是一个公用的技术平台，在不同的应用场景中，能够灵活地调用相关引擎来实现配套的业务应用，从而实现整个财务信息化架构底层技术工具的共享。在智能时代的财务信息化架构中，可抽象出的引擎主要包括以下几个方面。

1. 图像智能识别引擎

图像智能识别引擎主要用于广泛地进行图片信息的识别，既能够支持对结构化数据的采集，又能够支持对非结构化数据的信息提取。同时，图像智能识别引擎可以利用机器学习来提升自身的识别能力，从而扩大可应用场景。

2. 规则引擎

规则引擎作为初级人工智能应用，会在整个财务信息化中发挥着重要作用。规则引擎通过灵活、可配置的规则定义，支持在财务流程中基于规则进行的大量的判断、审核、分类等应用。规则引擎的完善，一方面，依赖于经验分析来进行完善；另一方面，也将基于机器学习引擎来辅助其完善。

3. 流程引擎

流程引擎无论在哪个时代都十分重要，好的流程引擎能够全面提升财务信息系统的水平。而在智能时代，流程引擎的驱动仍然是规则引擎，而规则引擎又基于机器学习得以完善优化，并最终带来流程引擎能力的提升。

4. 大数据计算引擎

大数据计算引擎是相对独立的，基于大数据的技术架构能够处理海量的包括结构化数据和非结构化数据的计算。大数据计算引擎的实现能够使财务在大数据方面的应用场景得到真正的技术支持，而不是传统计算模式下的伪大数据。

5. 机器学习引擎

机器学习引擎应当能够实现监督学习和非监督学习，通过大量的不同业务场景下的数据学习训练，形成相应的优化规则，并依托规则引擎作用于各种业务场景中。从这个意义上来讲，机器学习引擎有些像规则引擎的后台引擎。

6. 分布式账簿引擎

对于区块链的应用，需要在底层搭建各类分布式账簿，而我们可以考虑通过引擎化的方式，使这种分布式账簿的搭建变得更为标准和可配置。当然，这需要区块链技术实现进一步的抽象——从技术概念走向业务简易应用的概念。有了分布式账簿引擎，基于区块链的应用可以进一步加速落地。

（三）*功能架构中的业务应用层*

业务应用层是最重要的一个层次。在业务应用层中，我们从财务业务模块和技术两个角度实现了场景功能的匹配，从而形成了相对清晰的智能时代财务信息化应用的功能场景蓝图。它可以成为有意致力于智能时代技术深度应用的企业的思维导图，企业可据此展开规划和实践。下面我们从财务业务模块的视角来逐一说明。

1. 共享运营

如表 2-1 所示，对于共享运营来说，在智能化方面的应用场景是相对较多的，这也是由其作业运营的特点所决定的。信息技术本身的进步对运营效率的提升就是最直接的。

表 2-1　共享运营场景与技术匹配

技　术	功能模块
区块链	智能合约和智能核算
人工智能	智能图像识别、智能审核、智能风控、智能清结算
大数据	运营分析
移动互联及物联网	财务众包、电子发票
传统技术	派工调度

2. 资金/司库管理

如表 2-2 所示,在资金管理中与共享流程密切相关的部分已经被归入共享运营中,而针对资金管理和司库管理来说,其主要的应用在于提升基于大数据的对资金和司库管理的分析、决策能力。此外,物联网技术对于账户 Ukey、用印安全管理也将发挥重要作用。

表 2-2　资金/司库管理场景与技术匹配

技　术	功能模块
区块链	跨境交易
人工智能	智能资金调度
大数据	投资管理、风险管理、流动性管理、资产负债管理、资金预测
移动互联及物联网	账户管理(Ukey 和印章)
传统技术	融资管理

3. 会计报告

如表 2-3 所示,会计报告对新技术的应用主要集中在区块链对关联交易及业财一致性的支持上。同时,智能编辑等可以应用于会计报告的智能化。而在这个领域,也会引发人们对未来套装软件是否能够支持智能化应用的思考。

表2-3 会计报告场景与技术匹配

技　术	功能模块
区块链	关联交易、统一会计引擎
人工智能	智能报告
大数据	报表分析
移动互联及物联网	无
传统技术	总账、应收、应付（等）、合并报表

4.税务管理

如表2-4所示，税务管理在税务风险控制方面可以应用人工智能技术来进行支持，在税费分析、税费预测等领域也可以考虑引入大数据，充分利用企业内外部数据来提升分析质量。此外，税务管理中所涉及的不少应用场景也会前置到其他业务或财务系统中。

表2-4 税务管理场景与技术匹配

技　术	功能模块
区块链	关联交易、统一会计引擎
人工智能	智能报告
大数据	报表分析
移动互联及物联网	无
传统技术	总账、应收、应付（等）、合并报表

5.成本费用管理

如表2-5所示，成本费用管理在费用分析方面可以考虑与大数据相结合，而在移动互联网方面，可以进行服务及商品采购的前置和线上管理，从而获得更好的管控效果。

表 2-5　成本费用管理场景与技术匹配

技　术	功能模块
区块链	无
人工智能	无
大数据	费用分析
移动互联及物联网	移动商旅、电商采购
传统技术	费用报销、项目管理

6. 预算管理

如表 2-6 所示,预算管理的技术应用主要集中在大数据方面,通过大数据,加强对预算预测和资源配置的管理能力的提升。

表 2-6　预算管理场景与技术匹配

技　术	功能模块
区块链	无
人工智能	无
大数据	智能预测、智能资源配置(预算编制、调整)
移动互联及物联网	无
传统技术	预算控制

7. 管理会计

如表 2-7 所示,管理会计本身在技术层面的起步就比较晚,因此它的实现仍然基于传统技术方式。但在管理会计报告的编制中,可以考虑采用智能编辑模式,盈利分析可以考虑引入广义数据,增强分析的实用性。

表2-7 管理会计场景与技术匹配

技　术	功能模块
区块链	无
人工智能	智能管会报告
大数据	盈利分析
移动互联及物联网	无
传统技术	收入分成、成本分摊、作业成本

8.经营分析

如表2-8所示，在经营分析这个领域，大数据能够有较大的应用空间。通过数据范围的扩大、相关性分析的引入，经营分析能力能够得到提升。

表2-8 经营分析场景与技术匹配

技　术	功能模块
区块链	无
人工智能	智能经营报告
大数据	经营分析
移动互联及物联网	经营仪表盘
传统技术	绩效管理

智能时代财务信息化的功能架构是基于场景构建的。这里笔者所谈的是一个概念性的设想，未来需要更多的企业付诸实践，对这个概念架构进行持续的补充和完善。笔者把这个架构蓝图作为1.0版本，并期待能够持续完善升级。

第二节　智能时代财务与科技的信息化协同

智能时代财务信息化的架构发生了很大改变。在数据层面，从结构化数据转变为非结构化数据；在技术层面，大数据技术、机器学习、分布式账簿等新技术引擎将被广泛地应用到财务信息化中。

在应用场景中，一方面，传统的财务信息化应用场景会被优化，形成更为高效或有用的升级场景；另一方面，基于新技术的新应用场景也将大量涌现。在这样的背景下，财务部门内部、科技部门内部、财务部门和科技部门之间的协同变得更加复杂，也变得尤为重要。而我们不得不正视的是，在智能时代来临伊始，很多财务部分和科技部门都没有做好这样的准备，面对快速来临的技术革新，往往措手不及。因此，在这里我们有必要一起来认真研究一下智能时代可能给传统的财务、科技协同关系带来怎样的挑战，以及要构建怎样的新机制来积极面对，如图2-3所示。

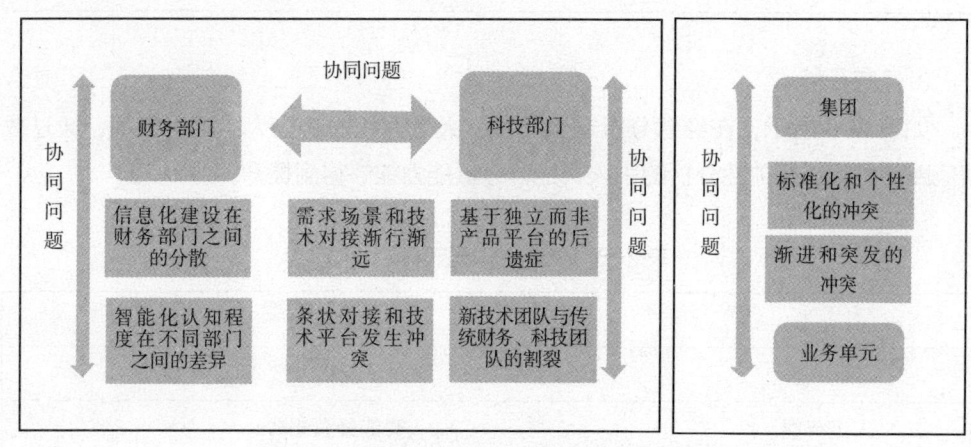

图2-3 智能时代财务与科技的信息化协同

一、来自协同问题的挑战

（一）财务内部信息化协同面临的挑战

在智能时代财务信息化建设中，财务部门自身面临着巨大的协同挑战。下面我们从三个方面来探讨财务内部的协同挑战。

1. 信息化建设在财务部门之间的分散

很多企业的财务信息化建设并没有实现统一集中的管理。在通常情况下，财务信息化建设是各个不同的职能部门从自身的业务需求出发进行的，如负责会计报告的部门建设了核算系统，负责预算的部门建设了预算编制系统，负责资金管理的部门建设了资金管理系统等。在这样的背景下，系统建设完成后，相关系统的后续运维和优化也保留在了相应的业务部门。从需求和系统建设的关联角度来看，这样的管理模式未必不好，但是当不同部门管理的财务系统要实现整合、集成，甚至内部平台化的时候，就会出现问题。部门间系统管理的割裂，成为系统间有效集成的障碍。而在智能时代，对数据和流程的集成提出了更高的要求，财务部门间分散的信息化建设将掣肘其信息化建设。

2. 智能化认知程度在不同部门之间的差异

智能时代信息技术的广泛应用需建立在财务的各个领域对智能技术达成共识的基础上，并且基于这种共识共同推动智能技术的基础建设，进一步架构不同业务应用场景。而如果财务的各个业务部门之间未达成同等层次的共识，则会使不同部门在技术路径选择、资源投入等方面产生分歧。虽然分歧的产生并不一定会阻碍财务向智能化道路迈进，但必然会带来更多的争议和损耗，并最终使这一进程放缓。也不排除在极端情况下，因为分歧过于严重，使整件事情回归原点。

（二）科技部门内部信息化协同面临的挑战

科技部门内部同样存在着信息化协同的问题。如果说财务的问题在于需求割裂和认知层次差异，那么科技所面临的就是另一类协同问题。

1. 基于独立而非产品平台的后遗症

受到财务部门需求的影响，科技部门在建设系统时，往往也是根据财务的划分，建立了一个个不同的、独立的系统，在进行集成的时候，不同的系统之间进行数据的交互打通。在这种模式下，科技部门内部往往会为每个系统配备相对独立的项目团队。而由于财务部门本身缺乏统筹，科技部门内部也容易放任各财务系统的项目团队各自发展，并最终造成割裂。在这种情况下，就会产生后遗症。由于每个系统都是各自打地基的，地基之间无法打通，就造成各个系统的风格不同，系统管理方式不同，并导致用户体验差且系统维护困难。而更严重的是，科技部门各个项目团队之间缺乏技术交流，一项新技术在某一系统应用后，其他系统团队毫不知情，更不要说技术共享了，这与智能时代高频技术革新的需求格格不入。

2. 新技术团队与传统财务科技团队的割裂

不少公司对智能化技术的研发往往并不是从财务开始的，而是为了满足业务场景研发产生的。一些企业在进行了大量业务场景的实践后，做了技术提炼，并构建了智能技术的各类实验室，如大数据实验室、区块链实验室、人工智能实验室等。而这些实验室在形成通用的技术基础后，又进一步反哺业务场景。很遗憾的是，在这个循环中，作为服务于后台业务的财务科技团队往往成为局外人。科技部门内部前后台团队的割裂，以及新技术实验室和传统实验团队之间的割裂，都可能让财务无法分享到最新的技术成果。

（三）财务部门与科技部门之间信息化协同面临的挑战

第三个协同挑战来自财务部门与科技部门之间。财务部门与科技部门之间本身存在着部门间协同的问题，二者是需求和实现的关系，在这个过程中必然容易出现协同问题所带来的挑战。

1. 需求场景和技术对接渐行渐远

财务部门与科技部门之间对接的关键在于如何把业务需求转换为系统实现的语言。在传统的财务信息化阶段，这一直就是让人纠结的问题。很多企业的财务部门不了解科技部门的思维方式，而科技部门也难以理解财务和会计的语言，导致两者之间的需求转换往往会出现偏差。好在不少企业意识到了这个问题，并设法在两者之间设置了衔接团队，进行业务需求的转换。

但在智能时代，原本设置的衔接团队会面临更大的挑战。一方面，财务的衔接团队会发现，基于智能技术的需求场景的挖掘变得更加困难，并且由于对新技术的理解不够深刻，显然很难想清楚能够解决怎样的业务问题；另一方面，科技部门也更容易沉迷于对技术本身的研发，成为"技术控"，反而忽视了对财务应用场景的支持，就技术论技术，难以结合业务实际。这两个方面的问题最终造成需求场景和技术对接渐行渐远。

2. 条状对接和技术平台发生冲突

前面谈到，如果科技部门的组织设置与分散的财务模块相匹配，就会带来科技部门内部的协同问题。而如果仅仅科技部门单方进行努力，将其内部的割裂团队打通，形成技术平台，那么，即使有所进步，也还是没有从根本上解决问题，反而会进一步引发新的问题，造成来自财务部门的条状需求和科技部门平台建设之间的冲突。

在科技平台化、财务分散化的模式下，财务信息化建设仍然分散在各个不同的财务部门内，而相关业务需求是各个财务部门向科技部门进行传达的。在这种情况下，已经实现了平台化的科技部门在面对这些时间不一、规划不一、深浅不一的需求时就会面临各种问题。由于无法进行像之前独立系统团队模式下的自主响应，科技部门内部需要对接收到的需求进行统筹评估，需要向需求方反馈平台的统一规则，并引导需求方去接受平台的约束。这一过程往往也伴随着大量的沟通和冲突。

（四）集团与业务单元之间信息化协同面临的挑战

和前面所关注的财务与科技之间的关系不同，集团和业务单元之间的信息化协同问题体现在了更高层面上。

1. 标准化和个性化的冲突

对于集团企业来说，如果财务信息化有条件构建在一个相对标准化的架构之上，这是一件好事情。在实践中，也有很多企业集团一直致力于实现这样的大集中架构模式。但是对于具有多元化特征的企业集团来说，要做到这一点极其不易。

集团内部的业务单元有其各自的业务发展诉求，特别是对于多元化集团来说，不同业态下的业务单元其个性化诉求尤为强烈。在这种情况下，要在集团层面建设一个相对标准化的平台来满足不同业态的个性化需求，就会造成集团标准化和业务单元个性化诉求之间的冲突。如果一味地满足集团的需求，业务单元的发展就会受到影响；而如果完全满足业务单元的诉求，对集团管控也会带来显著影响。如何平衡两者之间的关系，构建能够同时解决标准化和个性化诉求的平台成为核心问题。

2. 渐进和突发的冲突

在财务智能化建设的节奏上，对于集团来说，往往希望能够根据所制订的计划，有条不紊地完成信息化建设。而对于业务单元来说，很多时候信息系统的建设需求存在突发性，往往为了解决业务痛点，需要进行紧急的系统建设。在这种情况下，对于集团来说，渐进的建设节奏会受到突发情况的冲击，如果无法及时对业务单元的诉求进行响应，则会加剧两者之间的冲突。而如果业务单元一味地强调自身的突发性，不考虑整个集团信息化建设的节奏，也会带来问题。渐进和突发的冲突是在集团企业信息化、智能化建设中不得不面对的挑战。

3. 在信息上两者之间穿透和独立的冲突

集团和业务单元之间还面临着信息"穿透"和"独立"诉求的冲突。对于集团管控来说，实现对业务单元的信息穿透是信息系统建设的重要诉求，要做到这一点，集中的财务信息化建设模式是核心。但对于业务单元来说，保持其信息的独立性或私密性，也往往是其所希望做到的。两者之间的博弈关系一方面取决于集团管控的形态，另一方面也会夹杂着监管要求的影响。特别是对于上市公司来说，信息的独立性就存在监管要求，集团与业务单元在信息"穿透"和"独立"上的分歧或冲突是天然存在的。在刨除监管因素后，信息的穿透力度更多取决于企业集团在管控模式上对业务单元的控制力度。

二、智能时代财务信息化协同体系

在智能时代，我们将面对比在传统财务信息化模式下更加复杂的协同关系和协同挑战。对于我们来说，更加重要的是如何在困难和挑战面前积极应对，并有效地构建一套更加高效的财务信息化协同体系。在这里，我们从四个方面对智能时代财务信息化协同体系提出设想。

（一）财务构建统一的信息化中枢

对于财务组织内部来说，要打破信息化的建设边界。打破边界的方法可以考虑在财务体系中构建统一的信息化中枢，这个信息化中枢可以是实体组织，也可以是虚拟组织。实体组织可以是财务信息化团队或部门的形态，如某领先的互联网企业内部设有财经IT部、某大型国有商业银行有会计信息部这样的组织，这些实体化的专有组织能够在财务体系内部起到统筹协调的作用。而对于没有条件设立统一财务信息化团队的企业来说，可以考虑设立虚拟机构，如设置财务信息化管理委员会之类的跨部门统筹组织。虽然它在力度上弱于实体组织，但也能起到一定的统筹协调作用，并且在财务信息化架构搭建和重大项目的推进过程中发挥重要作用。

（二）科技面向财务的团队和架构的私人订制

其次，对于科技部门来说，要实现与财务部门的紧密协同，应当考虑构建面向财务部门提供服务的专属团队。在这样的专属团队中，应当从组织架构上打破传统按业务模块独立设置团队的模式，构建能够更好地匹配未来的平台化架构，包括专属需求分析团队、架构师团队、公用平台研发团队和场景实现团队，面向财务部门进行私人订制。需求分析团队应当能够有效支撑智能技术与财务需求团队的对接；架构师团队能够站在产品化和平台化角度，科学构建财务信息化架构；公用平台研发团队应当能够打通财务各底层业务模块，对可公用的技术功能进行组件化研发，并实现在不同业务场景中的应用；而场景实现团队则在公用平台的基础上，针对不同的业务场景需求通过技术来进行实现。通过这样一个平台与定制化相结合的科技团队组织来提供对财务智能化的有力支持。

（三）科技内部市场化实现新技术引入

对于科技内部各类"黑科技实验室"之间的协同，不妨考虑引入市场化机制。由于各类"黑科技实验室"主要的服务对象是企业的业务场景，而对于作为后台的财务场景来说，要想获得大力度的支持并不容易。在这种情况下，引入市场化机制，通过内部交易的形式，向"黑科技实验室"付费购买相关技术，能够充分调动"黑科技实验室"协同的积极性，也能够更好地从机制上让财务和业务站在同一条起跑线上。当然，并不是所有企业都有条件去建立内部市场化机制，必要的时候，寻求行政命令和行政资源的支持也是可行之路。

（四）集团推行产品平台并定义自由度

对于集团企业来说，要达到标准化与个性化的平衡，不妨考虑将集团自身视为财务智能化产品的提供商，在集团层面基于产品化理念，设计信息化平台。在产品的设计过程中，集团应当充分引入业务单元来对产品化需求进行论证和设计，通过大量的调研形成需求报告，并最终搭建平台。各个业务单元在实际进行信息化建设时，集团将其当作一个产品客户，通过进一步的需求调研，引入实施方法，在产品化平台的基础上进行配置实施和少量且可控的定制化开发。

通过这种模式，集团财务能够搭建一个开放式的财务智能化产品平台，并借助平台实现管理的标准化和自由度。

在财务智能化进程中，财务与科技的协同是一个技术与艺术并存的话题，找到合适的平衡点、实现双赢是财务智能化之路成功的关键。

第三节　智能时代的财务产品经理

智能时代财务管理的基础是信息技术，对于财务来说，好的技术平台的支撑，能够帮助我们在智能化道路上走得更远，也能够让我们有更多的机会去实践财务创新。而在这个过程中，传统的财务信息化支持人员已经难以满足要求，我们需要智能时代的财务产品经理来陪伴我们共同走上财务智能管理之路。

在这里，我们谈一谈什么是财务产品经理，与信息化时代相比，智能时代财务产品经理应当具备怎样的特质，而我们又该如何帮助财务信息化人员成长为智能财务产品经理。

一、什么是财务产品经理

要知道如何成长，就先要搞明白什么是财务产品经理。其实很多财务人员对于产品经理这个概念本身是陌生的，更不要提财务产品经理、智能财务产品经理了。所以，我们有必要一起来把这个概念先谈清楚。

（一）从产品经理的概念说起

笔者第一次接触产品经理这个概念，是在读苏杰的《人人都是产品经理》这本书的时候。那时候才明白，原来"产品就是用来解决某个问题的东西"，而产品经理就是把这个东西设计出来并不断完善的人[①]。

从这个概念上理解，产品经理是随着产品形态的发展而发展的。早期的时候，产品大多数是实体化的，如家里的电视机、洗衣机等都是实体化产品，产品经理则是管理这些实体的产品从概念提出到设计、生产、营销、销售、配送、服务等全过程的角色。而随着社会的发展，产品的形态也在改变，能够解决问题的东西不仅仅是实体，一个好的创意、管理方法也可以称为产品，产品经理不再局限于"理工男"。而当信息技术、互联网快速发展后，软件产品、互联网产品快速风靡，面向软件和互联网的产品经理成为其中的重要人群。但无论哪一种产品、哪一种产品经理，其本质都是一样的。

优秀的产品经理的价值就在于要作出能够解决问题、让客户满意的好产品。如图2-4所示，产品经理可能面对下面这些工作。

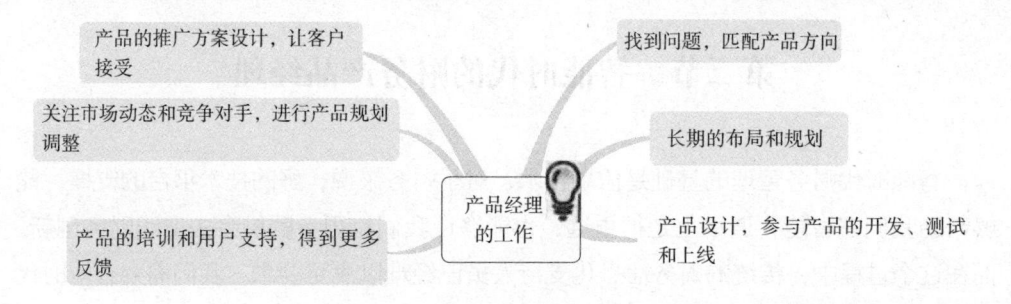

图 2-4 产品经理的工作

第一，从各种各样的需求和想法中找到要解决的问题，以及相匹配的产品方向。

第二，为产品做一个长期的布局和规划，知道什么时候该走到哪里。

第三，进行产品设计，参与产品的开发、测试和上线。

第四，参与产品推广方案的设计，用营销思维让客户接受这个产品。

第五，积极进行产品培训，获得用户支持，得到更多改善产品的反馈。

第六，关注市场动态和竞争对手，随时进行产品规划的调整。

如果能够做到以上这些，就是一个符合当今时代要求的合格的产品经理。

（二）产品经理和工程师的差别在哪里

产品经理和工程师是两个容易混淆的概念，理解二者的差别有助于我们更好地认识产品经理的角色和定位。

---

① 苏杰.人人都是产品经理[M].北京：电子工业出版社，2012:86.

产品经理的定位是从架构、功能和逻辑层面去设计一个系统，并关注这个系统能够为用户解决怎样的问题，高度关注用户的体验，力求作出让用户用起来舒服、能解决问题的好产品。而对工程师虽然也有类似的要求，但更侧重于技术研发，而较少关注这些技术可能带来怎样的应用场景。这两种定位在企业内的不同甚至可以影响组织的文化。

对于产品团队来说，产品经理和工程师都是这个团队的构成部分，团队中还会包括设计人员、测试人员、营销人员、项目经理等角色。产品经理往往在大的产品团队中还承担着角色补位的身份，在正常情况下，产品经理和这些角色各司其职，形成良好的协作关系，而在某些角色出现缺失的时候，产品经理是这个团队中最合适的补位者，这也是为什么我们说产品经理的工作应当覆盖产品全生命周期的原因。

（三）财务产品经理的定位

当理解了产品经理这个概念后，我们再来看一看财务产品经理应该有怎样的定位。

首先，财务产品经理应当是财务组织中的一分子，其核心职能是设计财务信息系统来解决在财务工作各类业务场景中所遇到的问题。因此，将财务产品经理设置于财务团队内部能够更好地发现用户的问题，并设计出更有针对性的产品解决方案。

其次，财务产品经理应当将主要精力放在搞明白需求、设计出用户体验卓越的好产品上。同时，充分利用工程师们的"黑技术"，把好的技术应用到财务场景中。财务产品经理既不应当取代工程师的角色，又不应当任由工程师团队替代。

最后，我们也要意识到，财务业务人员并不适合在没有经过充分训练的情况下直接成为财务产品经理。财务产品经理是一种复合型人才，必须将财务知识与技术能力有机融合。如果由纯粹的业务人员来设计产品会缺少全局观，难以把握架构和流程，并在与工程师的对接过程中出现理解的偏差。

二、智能财务产品经理的特质

财务产品经理的出现能够全面提升财务的信息化应用能力，帮助财务部门应用技术手段来解决问题。那么，在智能时代，财务产品经理还需要经过怎样的迭代进化来实现进一步的提升，并应当具备怎样的特质呢？

（一）新技术的敏感性

作为应用技术来解决财务问题的财务产品经理，对技术的敏感性是不可或缺的。特别是在智能时代，技术快速迭代，对这种能力的要求更为突出。实际上，在传统的财务信息化时代，在相当长的一段时间内，技术的发展还是相对平稳的，从计算机技术的出现到互联网、移动互联网，大约二十年的时间，我们可以以比较平缓的节奏来面对技术变化对财务的影响。至少在今天，有不少企业才刚刚开始落地实践十年前的财务技术手段。

但在过去的两三年和未来的五年中，我们处于信息化时代向智能时代转变的边缘期，在此期间，技术的多变和创新的层出不穷成为常态。如果还是以先前的节奏来面对，则很可能错失大量提升财务效能的机会。在不可多得的时代跨越期，每一个财务产品经理都应当具备高度的技术敏感性，把握时代赋予的机会。

（二）新技术的财务场景化能力

对于财务产品经理来说，一旦敏锐地捕捉到新技术的出现，最重要的事情就是能否将这些新技术用于解决实际问题，也就是这里要说到的新技术的财务场景化能力。实际上，业务问题出现的载体是业务场景，空谈一项技术是没有任何意义的。但作为财务产品经理，如果能够识别出业务部门的痛点，抽象出业务场景，分析出什么样的技术能够解决怎样的场景问题，那么他就是一个高水平的财务产品经理。

对于如何形成这样的能力，财务产品经理不妨借鉴笔者在前面章节中所谈到的创新方法。其中，关联创新很适合让我们在财务和技术结合的边缘迸发出新的想法。

（三）产品化和平台化架构能力

在传统的财务信息化模式下，由于技术变化相对缓慢，高度定制化的信息系统也能够满足不少的用户需求，并且保持稳定性。但随着智能时代的到来，技术的加速革新，缺乏扩展性的定制系统将难以满足业务需求，产品化和平台化成为发展趋势。

对于财务产品经理来说，产品化和平台化架构能力的形成并不是那么容易的。在传统模式下，只需要就问题解决问题，用西医的方法就足够了；而在产品化和平台化架构下，需要用中医思维来解决问题，能够站在一定的高度上对财务信息化产品中各个功能组件和关联关系进行具有前瞻性的规划，并能够在技术实现时充分考虑其可配置性和扩展性。这种能力的形成无论在专业上还是在思维能力上，都对现有的财务产品经理提出了更高的要求。

（四）产品价值挖掘能力

在智能时代，好的产品经理不仅要技术过硬，还需要会讲故事。对于所负责的产品，能够充分挖掘产品的价值，并与产品的相关方达成共识；能够更好地获得资源保障，获取用户的信任并形成更可靠的需求关系；更好地获得管理层的支持，保障产品设计最终落地。

在通常情况下，智能时代的财务产品经理应当能够讲清楚产品实现在成本、效率、风险或管控、决策支持、客户体验等方面的价值。通过一系列的价值共识，把产品推入高速发展的轨道。

三、如何从财务 IT 成长为智能产品经理

传统的财务信息化团队成员如何才能成长为未来的智能财务产品经理呢？传统的财务信息化团队成员在向智能财务产品经理迈进时已经具备了一定的基础，但是仍要在专业深度、广度和认知创新三个维度上进一步提升，方能够成长为一个合格的智能财务产品经理。

（一）专业深度的成长

专业深度尤为重要。在智能时代，如果要成为合格的产品经理，就需要进一步加强技术知识的储备。当然，这种加强并不是要求达到工程师的水平，而是要在现有的运维、需求分析能力的基础上，补充新技术领域的相关知识。正如笔者在前面章节中一再强调的，智能产品经理需要对大数据、云计算、机器学习、区块链、物联网等新的技术概念有所认识，能够理解这些概念的本质逻辑，知道工程师会如何应用这些技术，在应用这些技术时需要有哪些准备或基础能力。这将帮助智能产品经理更好地把控产品方向，更合理地向工程师提出产品要求。

同时，专业深度还体现在对产品化、平台化架构方面的知识体系的完善上。当然，相关的具体工作将由科技部门的架构师团队来完成，但作为产品经理，需要有能力判断和评价架构师的设计，并有能力参与相关架构设计工作。

在专业深度方面，还需要关注 IT 治理的相关内容，这对于管理产品从规划到实现，以及后续的稳定运营有很好的帮助。在 IT 治理方面需要关注的内容包括 IT 规划管理、IT 获取与实现管理、IT 服务管理、IT 治理管理、IT 风险管理、信息安全管理、IT 绩效评价，以及灾难恢复和业务持续性管理等内容。

（二）专业广度的成长

对于财务产品经理来说，要打造出智能时代的财务好产品，就必须能够更加深入地承担起业务场景与信息技术相结合的中间角色。这个中间角色在业务层面要求财务产品经理具有更加广阔的专业视野。

财务产品经理应对财务的各业务领域，如核算、预算、资金、管会、经营分析、税务、共享等，有广泛的了解。具备了这些财务专业范围内的广博知识，能够帮助产品经理实现第一个层次——财务各职能团队与科技之间的对接。

然而，财务产品经理不能仅仅满足于这个层次的专业广度，还需要进一步拓展视

野，了解各中前台业务，知识面覆盖公司经营的各类业务，并能够掌握业务与财务端到端的全流程数据流转和系统架构。在这种情况下，才能更好地通过信息技术实现业务与财务的一体化。

构建多层次、立体、具备专业广度的知识体系，对财务产品经理从初级向高级成长至关重要。

（三）认知创新的成长

财务产品经理的养成之路还需要认知创新能力的提升。对于产品经理来说，需要更多地去研究和学习创新的工具和方法。创新本身是一门科学，而并非守株待兔式的等待创意。对于财务产品经理来说，如果想培养自身的创新能力，就需要积累大量的跨领域知识，而不仅仅是财务和科技类的知识。很多时候，创新的灵感来自貌似不相干的领域的突发刺激，当积累了足够广度的素材后，各种所谓的创新工具和方法才有可能发挥作用。

当然，实践是创新的根源，作为智能时代的财务产品经理，需要积极地将想法付诸行动。如果暂时无法将其付诸实践，那么即使是推演也能帮助他们加深思考，并在深度思考的过程中获得认知和创新能力的提升。

财务产品经理的形成是一个迭代进化的过程，当明确了智能财务产品经理是什么、需要怎样的能力和如何培养后，剩下的就是财务产品经理在工作中不断地积跬步，以至千里。

第三章 智能时代财会人员转型

第一节 智能时代财务人员面临的问题

人工智能的发展离不开技术的进步,历史上每一次技术进步,都会引发相关行业的大规模失业。19世纪前叶,随着机械织布机在英国的广泛使用,众多有技术的纺织业者一夜之间沦落街头,加入失业大军。1900年,随着拖拉机、联合收割机和作物种植机的出现和使用,近一半在田地间劳作的成年人一下子变得无所事事。1945年,自动化技术的进步使超过1.5万名曼哈顿电梯操作工人和维修工人成为无业者。在人工智能技术的冲击下,财会人员的劳动力市场将会发生颠覆性变革。人工智能技术掀起了世界范围内的又一轮产业变革[1]。人工智能背景下,财会人员的工作方式和核算方式都会发生很大的变化,财会人员面临的问题包含以下内容。

一、财务基础岗位急剧减少,高级岗位人才短缺

第一,大量的财务基础核算工作被财务人工智能机器人替代,但是市场中财务岗位数量变化不大,因此会给财会人员带来严重的冲击,从事基础核算的财会人员面临被人工智能机器人取代的风险。在人工智能技术到来和逐渐普及之际,企业内部从事基础性会计核算、凭证整理、账簿装订、报表处理及纳税申报、纳税调整的会计人员将会逐步被人工智能机器人取代[2]。这部分人的就业前景将会逐步低迷,财会人员的收入和社会地位也会或多或少受到影响。这种现象最具代表性的当属全球零售业的霸主——沃尔玛,2016年随着财务机器人的投入使用,沃尔玛裁减财会人员7000余

---

[1] 张振义. 基于战略视角的企业财务转型拓展路径研究[J]. 财经界(学术版),2016(1):148-150.
[2] 邢啊凤,陶雪梅,彭瑞峰. 人工智能时代下对会计行业的思考[J]. 财会学习,2017(10):112,114.

人，裁员之后基础核算财会人员减少80%，财会人员的工作岗位数量迅速减少。[1]

第二，企业内设会计机构和财务会计岗位逐步被合并和裁减。在人工智能背景下，随着大量基础性工作被机器人所取代，企业的财务会计岗位也将进一步得到精简，一些工作内容较为相近的岗位会逐步合并，一些工作内容和工作量都大幅减少的会计岗位将会与其他必须继续存续的会计岗位进行合并设立，合并以后企业所设立的会计机构和岗位都会有所减少。对于总分公司而言，分公司可以不再单设财务部门，或者对财务会计岗位进行精简，总账会计、费用会计、资金会计、成本会计、收入会计、供应链会计等会计岗位都会被适当裁减，只保留个别基础工作岗位和管理会计岗位、财务总监岗位、会计机构负责人岗位。对于母子公司而言，保留财务部门，但是内设岗位可以根据业务需求大幅缩减，对于不相容和职位分离的岗位统一由人工加智能的方式合理设置会计岗位，高速开展会计核算业务。这一方面使市场上的会计岗位总数逐步减少，另一方面使企业集团内部自设的会计岗位逐步减少。基础会计岗位数量减少将会在未来2～10年内最为明显[2]。未来，连锁经营机构各分店的记账和会计部门统一整合至总公司的会计智能系统，数据智能化与集中化处理逐渐取代人工。

第三，高水平专业财务管理人才紧缺。人工智能背景下，基础核算财会人员面临着被淘汰的危机，这些岗位和相应的工作交由机器人来完成将会更加规范和高效，同时完成的工作量也会更大。这使财会人员的日常工作量减少，工作压力得到缓解，财会人员可以有更多的时间和精力从事与战略管理和管理会计相关工作，为企业快速发展贡献智慧和力量。这就需要更多高水平的掌握更多专业化财务管理知识的会计人员，在企业单位从事高级财务管理工作[3]。当更多的基础性财务会计工作、审计工作被人工智能财务机器人取代后，企业对高水平的财务管理人员需求将更加迫切，尤其是能够掌握新的财务管理理念、财务管理技能的高精尖人才。

第四，具有国际知识和视野的财会人员缺口较大。当前我国一些大中型企业、科技型中小企业、文化创新企业开始走出国门，与全球大多数国家和地区有业务往来，这就需要这些企业外派的财会人员和企业财务总监、会计主管，聘请的财务顾问等工作人员具有开阔的国际视野，了解和掌握派驻机构和海外分公司所在地的政治、经

---

[1] 蔡千年.财务思维：如何成为一个财务高手[M].电子工业出版社，2017：56.

[2] 张紫馨，杨昕，辛萌.浅析人工智能会计应用下会计人员的职业定位[J].中国商论，2016（30）：168-169.

[3] 颉茂华，朝格吉乐图，焦守滨.管理转型中企业财务人员素质能力的提升路径——基于开盛生物公司的案例分析[J].管理案例研究与评论，2016，9（1）：65-81.

济、科技政策、法律法规、税收政策、会计准则、会计利润核算方式等知识，对海外机构和海外分公司的利润分配、投资收益划转等政策能够知晓和统筹规划，避免因不了解当地法律法规和政府部门出台的政策规定而受到经济处罚，给企业发展带来损失或错过发展良机。

二、企业对财会人员工作胜任能力的要求越来越高

第一，当前财会人员的人际沟通能力难以满足人工智能时代财务管理需求。财会人员在常人眼里中规中矩，呆板不灵活，坐在办公室简单地记账算账，不与外界接触，不需要或很少与人打交道。部分财会人员由于过度关注财务数据，忽视了与人沟通的重要性。工作过程中不重视人际关系培养，不能积极地与人进行沟通交流，发挥工作主动性和积极性。在人工智能背景下，基础财务工作都由智能机器人替代完成，企业财会人员需要处理的事务往往是综合协调性的、系统维护性的、设置参数、风险点、防控措施录入性的其他工作，这些工作往往都需要其他部门的协作配合，这就需要财会人员具备良好的协调沟通能力。但是当前中小企业的财会人员还不具备这种沟通能力，因此制约了人工智能背景下财会人员的职业再规划与发展。

第二，当前财会人员的专业技能难以满足人工智能时代财务管理需求。我国财会人员的从业人员数量过多，从业人员文化水平不一，对财务管理专业知识的掌握程度不尽相同，个人综合素质也参差不齐。有的财会人员具有注册会计师、注册税务师或国际公认的注册会计师资格，有的财会人员拥有中高级职称，有的财会人员仅仅只有会计从业资格证，甚至一些企业的财会人员从事会计工作多年但是至今还未取得会计从业资格证。一些财会人员接受了系统的本科、硕士会计学、财务管理相关知识教育，一些财会人员接受了大专、成人本科财会专业教育，一些财会人员系统地自学了财务会计相关知识和课程，也参加了很多培训机构的专业化辅导培训，这些从业人员往往能够很好地完成自己的本职工作。但是，还有一部分财会人员没有接受过专业的系统教育和培训，了解和掌握的财会知识零星琐碎，对财务管理、管理会计的相关内容一知半解。人工智能时代，基础会计工作不再需要一般会计人员来完成，这就需要会计人员掌握系统的财务会计知识，对会计核算、凭证、账簿、报表之间的逻辑关系，会计处理的特殊情况、财务风险的识别与防范、会计不相容岗位的设置及权力制衡都有一个正确而精准的认识，但国内大多数中小企业，尤其是一些小微企业的财会人员的专业技能显然难以满足人工智能时代财务管理需求。财会人员的财务专业技能水平低，主动学习意识淡薄。据调查统计，每日利用业余时间参加培训及学习的财会

人员中，学习 1 小时以内及不学习的财会人员占比高达 74.03%，学习 1 小时以上的财会人员占比仅 25.97%，财会人员对职业转型过程中的再培训及学习不够重视，主动学习意识淡薄。这些都与人工智能时代财会人员的工作要求和个人职业发展规划不适应。

　　第三，当前财会人员所掌握的知识面较窄，难以满足人工智能时代财务管理需求。人工智能时代，财会人员不单单是处理会计业务、维护系统、指导智能机器人按照预定的流程和规范开展工作，更重要的是协调沟通其他部门积极配合智能机器人完成相关工作，并为其提供必要的财务数据等基础数据。财会人员在人工智能时代，需要综合考虑单位的基本情况、发展战略及对外投资、生产运营等一系列规划，全面管控和及时调整企业的资金使用及成本费用控制情况，进行财务风险识别、有效预防并采取有效的应对策略。要做到轻松自如地应对人工智能时代的财务工作，就需要财会人员掌握一定的企业管理、市场营销、对外投资、战略规划、品牌建设等相关知识，提高自身的综合业务素质，拓宽自身的知识面，在专业知识的广度和深度方面下功夫，以精准多元化的专业技能满足人工智能时代财务管理需求。反观当前的财会人员现状，不难看出国内有些中小企业、小微企业，以及一些民营企业的中高层财会人员，有些人都不了解企业管理的基本知识，对企业发展规划一无所知，不精通企业的对外业务开展方式，在实际工作中仅仅能够做到会计核算准确无误，对未来 3～5 年内的资金需求不甚了解，缺少企业整体发展的全局观念，不能站在全局的角度，客观公正地看待所有的经营问题。

　　第四，当前财会人员独立分析能力和风险管控意识，难以满足人工智能时代财务管理需求。在人工智能时代，财会人员需要掌握相关的业务知识，也需要具备一定的独立分析能力。伴随着财务岗位和财会人员的一再精简，需要几个人共同完成的基础性工作全部交给财务机器人，填制报表、调整会计利润并申报缴税等工作依靠财务机器人同样也可以完成。财会人员需要做的就是分析问题、查找原因，进行纠偏和优化流程，调整核算方法，统计和对比分析财务数据变化情况，并及时建议企业管理部门对企业生产运营作出战略调整，以求取得更好的发展业绩。而所有这些都离不开财会人员独立分析、解决问题的能力，也离不开财会人员的风险管控意识、风险识别和防控能力。当前，有些财会人员缺少独立分析能力和风险管控意识，只对数据进行整理统计，不了解数据背后的信息，不能通过独立分析将数据转化为对企业有用的经营决策。在人工智能时代，信息安全性备受关注，有些财会人员缺少以审计的视角透视企业风险的能力，风险管控的意识淡薄。这些都与人工智能时代的财务管理现实需要相违背，也与人工智能时代的财会人员职业规划与职业发展相悖。

三、企业对财会人员需求类型发生变化

第一，需要财会人员具备投融资相关经验。企业在迅速发展过程中需要财会人员具备一定的投融资经验，帮助企业进行理财规划和投融资管理，以实现企业资产的保值和升值。大部分财会人员对证券金融、内部控制、经济热点等不够重视，投融资经验少。因此，具有投融资相关经验的财务人才紧缺。

第二，需要财会人员具备创业思维。在一定程度上，财会工作和管理工作是具有一定的相似性和互通性的。一般来说，能够胜任财会工作的人会具备一定的管理能力。财会工作在企业中是不可或缺的，很多现代企业家都注重在财会方面的知识积累。但大部分财会人员过多关注数据，思维模式固定，缺少创业思维。

第三，需要财会人员具备企业运营管理经验。财会人员是企业的核心人员，企业发展过程中需要财会人员的全程参与。财会人员可以利用自身丰富的财务知识以及法律知识等，对企业及市场情况进行分析，帮助管理者和决策者更好地完成管理和决策工作，促进企业发展。有些财会人员过多关注财务数据，对运营管理相关知识的积累较少。

第四，需要财会人员熟悉人工智能技术。目前，人工智能带来了新的挑战，会计工作不再是一成不变的。有些财会人员只专注财务专业知识的积累，计算机及人工智能相关的知识欠缺。因此，无法将财务专业知识与人工智能技术相结合，辅助人工智能系统的开发和升级。

第五，需要财会人员具有跨领域工作经验。有些财会人员受到专业、性格、思维模式等影响，对企业宏观经济背景、国家政策等关注度不够。对计算机知识、宏观经济学、金融学、市场营销学等相关领域的研究较少，在跨领域横向转型中工作经验少，选择面比较窄。

总之，人工智能背景下财会人员面临着巨大的挑战，工作岗位急剧减少，企业对财会人员的工作胜任能力要求越来越高，企业对财会人员的需求类型发生了变化。同时，管理层对财会人员的职业生涯管理不够重视，很多企业虽然有提到员工的职业生涯管理体系，但往往只是停留于表面，并没有真正将员工职业生涯管理体系付诸实践。

第二节 智能时代财务人员的基础能力框架

一、财务人员转型的方向

随着财务共享与智能化的结合越发紧密,共享中心将从一个人力密集型组织转变为一个技术密集型组织。随着规则的不断梳理与完善,并在信息系统中形成可执行的规则后,财务共享中心的作业人员将可被替换,并最终趋于人力的削减。从管理者角度来说,这对整个组织是有益的,但会对财务共享中心现存员工的转型形成极大的挑战。部分能力较高的员工将转至规则梳理的相关岗位,而大量员工可能因为智能化而离开工作岗位。因此,财务人员只有适应时代发展,加速转型,才有可能避免在新财务时代被淘汰。

(一)财务人员应向"成本控制与内部控制人员"转型

大数据时代的到来与不断发展,企业管理会计逐渐彰显出其重要性。因此,在大数据时代下,企业的财务人员应积极调整思路,逐渐向管理会计的方向转型。对于企业来说,随着市场经济的不断发展与完善,在微利时代,成本的高低将成为企业获利的关键性因素。在大数据时代,专业的成本分析与控制人员不仅要具备丰富的、扎实的财务专业知识,还必须对企业的各项生产工艺流程、生产环节、企业的内控流程等进行了解与高度关注,并在成本控制系统的帮助下,充分挖掘相关成本数据,对成本数据进行合理的分配、归集、构成分析等,从而为企业成本的有效控制奠定基础,为企业的决策提供帮助。

(二)财务人员应向"全面预算人员"转型

现代企业进行的管理基本都是事后管理,越来越多的企业采用 ERP 系统对企业数据进行整合,通过对数据穿透查询,结合企业的预测目标,将企业事后管理逐步变成事前控制。用信息化手段进行事前控制、预测等对企业管理十分重要。在大数据时代,预算作为财务管理的领头羊、核心,要求企业参与预算的财务人员站在企业战略规划的高度,对企业的战略规划目标进行层层分解,直至最后的预算分析报告的编制、预算绩效考核,以及预算对未来目标与战略的影响与规划,使预算真正发挥其职能作用。因此,大数据时代需要企业的财务人员向全面预算人员转型。

（三）财务人员应向"专业财务分析人员"转型

企业的财务人员必须具备专业的分析技能，能够从海量的数据中挖掘出对企业有价值的信息；同时，还可以在数据分析过程中更加全面地了解企业的发展现状与存在的问题，及时对企业的财务状况、经营成果进行评价，为提高企业的经营管理效率提供更有价值的分析。因此，大数据时代的企业财务人员应积极向专业的财务分析人员转型。

（四）财务人员应向"风险管理人员"转型

风险管理主要是企业从战略制定到日常经营过程中对待风险的一系列信念与态度，目的是确定可能影响企业的潜在事项，并进行管理，为实现企业的目标提供合理的保证。实践证明，内部控制的有效实施有赖于风险管理，战略型财务人员需将企业的风险的影响控制在可接受的范围内，以此来促进企业的可持续发展。因此，在大数据时代，企业的财务人员应向风险管理人员转型。

（五）财务人员应向"技术型财务人员、战略型财务人员"转型

大数据、大共享理念的延伸与拓展要求财务共享的产生，并在未来成为主要的工作环境，并借此形成数据中心，为未来的决策与发展奠定基础。财务共享中心的人员是财务人员在大数据时代转型的另一个方向。在财务共享中心中，有设计好的专业的标准与流程。例如，应收应付款项、费用报销、明细账的管理、总账及各种财务报销、资金的管理、税务的合理筹划等。这一职能对财务人员的要求并不高，只要具有一定的财务基础知识、英语基础知识、计算机基础知识，并经过一定的培训即可转型上岗，对于那些处于初级阶段的财务人员来说是一个较好的工作选择。在经过一段时间的熟悉以后，可以向更高级的技术型财务人员、战略型财务人员转型。

在财务共享管理模式下，业务转型定位将财务人员分为共享财务、业务财务、战略财务三类。其中，高端财务岗位的需求将会增加，对从业人员的学历、经验、技能要求也更高更全面。相反，财务的一般岗位对财务人员的技能要求不高，一些工作完全可以用自动化技术或人工智能代替，导致基础财务人员将会被大幅度裁员，尤其是企业内部同质化的岗位将被"共享"掉，整体财务岗位缩编。

普通的财务人员转型为共享财务人员，其人数低于缩编后财务人员总体比重的40%。普通财务人员是指那些学历层次相对不高、年龄不大，掌握新技能、学习新知识的能力较强，同时又具备财务会计实务操作经验的工作人员。这些财务人员长期在一线从事财务基础工作，在原始单据审核、凭证录入、交易结算等方面积累了丰富的实战经验，可通过选拔、培训后到财务共享中心从事财务会计工作。但是，现实中由

于国内的整体教育环境，本科学历人才的供给成本已经大幅度降低，并且呈现出供大于求的长期趋势，本科学历的员工会成为共享财务中心高性价比的首选人才。

优秀的财务人员转型为业务财务人员，其人数约占缩编后财务人员总体比重近50%。优秀的财务人员指学历教育层次较高，专业知识系统和实操经验丰富的工作人员。他们应该深入业务前端，针对企业研发、供应、生产、营销等各个环节进行财务分析、预测、规划、控制、激励、考核等，加快财务与业务的融合，积极参与公司价值链各环节的价值创造，即完成财务与业务的各个层级的融合，能把财务数据转化为信息，并以业务语言传递给各级领导，辅助后者决策，并且可以把业务部门遇到的困难及时反馈到财务部门。

卓越的财务人员应转型为战略财务人员，他们是真正的财务精英，将占缩编后财务人员总体的20%左右。卓越的财务人员指学历层次很高（至少财经专业本科以上毕业生），管理知识储备深厚，既掌握财务会计实务，又懂得战略规划，对财务管理及其他经济领域业务也有深入研究，精于预算管理、绩效评价、风险管理、内部控制、资本运作、纳税筹划等的工作人员，他们可作为战略财务培养。战略财务不仅相当于企业总部的参谋，还是管理者进行战略决策时的重要伙伴，是全面预算与绩效管理的设计师，是制定和实施组织战略的专家。

二、财务人员基础能力框架

所有期望成为CFO的财务人都很关心一个问题：应当积累哪些知识才能更加高效地实现成为CFO这个目标呢？实际上，很多人在年轻的时候是没想过或没想明白这个问题的。这样，在未来出现机遇的时候，往往会与之失之交臂，或者勉强上任，但无法达到预期的绩效目标。

笔者将通过搭建一个智能时代CFO的基础能力框架来尝试回答这个问题，如图3-1所示。对自己未来充满希望的财务朋友们，可以看看自己在哪些方面还有提升的空间。这个框架考虑到了智能时代财务管理职能的需求，故称之为智能时代CFO的基础能力框架。

第三章 智能时代财会人员转型

战略财务	专业财务	业务财务	共享服务	通用支持
战略与业务	会计与报告管理	产品财务管理	共享中心设立管理	组织、人员管理
财会控制机制	税务管理	营销财务管理	共享中心组织与人员管理	信息化/智能化管理
价值管理	资金管理	供应链财务管理	共享中心流程管理	
经营分析与绩效	合规管理	项目财务管理	共享中心运营管理	
全面预算管理	管理会计	海外财务管理	外包及众包管理	
	成本管理	业财一体化管理		
	财务风险管理			

图 3-1 智能时代 CFO 基础能力框架

（一）战略财务基础能力框架

1. 战略与业务

作为 CFO，需要有非常宽阔的知识面，但最重要并不是专业知识，而是对公司战略和业务的理解及把控。该能力决定了 CFO 是否能够真正成为一个经营团队的合格管理者，而不仅仅是一个财务工作者。

核心技能：战略解读；财务与战略配合；公司资源及计划的管理参与；财务资源配置管理；与业务单元的沟通。

2. 财会控制机制

作为 CFO，需要在企业内部建立完善的财务、内部控制和内部审计体系，以确保会计风险的可控性。也有一些公司是由首席风险官负责这部分职能的。

核心技能：财务及会计制度管理；内部控制；内部审计与稽核。

3. 价值管理

价值管理是 CFO 的高阶技能，需要从多方面主动管理以提升公司的价值，并最终在股价上有所体现，满足公司股东的投资回报诉求。

核心技能：产权管理；营运资本管理；现金流量管理；经济附加值管理；新业务价值管理；并购价值管理。

4. 经营分析与绩效管理

经营分析与绩效管理是 CFO 在公司经营管理方面体现自身核心价值的重要内容，好的 CFO 是公司持续前进的一个重要推动器。通过 KPI 的设定，以及持续的考核跟踪、深度的经营与数字探究，能够给企业的发展注入强大的活力。

核心技能：KPI体系搭建；经营分析报告；绩效考核制度搭建及奖惩执行；投入产出管理；市场对标管理；重大关键项目管理。

5. 全面预算管理

全面预算管理是CFO在资源配置方面配合企业战略落地的重要工作。凡事预则立，不预则废，CFO正是承担起这项职能的重要角色。当然，全面预算管理并不仅仅是财务的事情，但是作为CFO去承担牵头职能还是必需的。

核心技能：经营计划管理；预算编制管理；预算执行与控制管理；预算分析；预算组织管理；预算流程管理；预算系统管理。

（二）专业财务基础能力框架

1. 会计与报告管理

作为CFO，会计与报告是不可缺失的基本技能。当然，CFO可以请会计专业人士和会计师事务所代劳，但无论如何是绕不开这项技能的，必须懂会计。

核心技能：会计交易处理及相关流程；往来管理、关联交易管理等会计管理；会计报告及合并；会计信息系统，如核算系统、合并系统等；信息披露；审计流程及管理。

2. 税务管理

税务管理是CFO的传统工作领域，无论在世界上的哪个国家，CFO都是绕不开税务工作的。而在中国，税务又有着自己的特点，CFO需要将税务管理当成一项既严肃又充满艺术性的工作来对待。

核心技能：税务政策研究；税务关系管理；税务检查配合与风险防范；税务数据管理；税务系统管理；营改增及电子发票/特定时期的特殊事项。

3. 资金管理

资金管理是CFO工作中的重要一环，也是对一个称职CFO的基本要求。从分类上说，资金管理是专业财务的一个构成领域，具有一定的技术性，如果没有从事过这个领域的工作，要覆盖这部分专业知识是有一定难度的。

核心技能：资金收付管理；资金计划管理；债券融资管理；混合融资管理；股权融资管理；司库管理；外汇管理；银行关系管理；资金系统管理；流动性管理；投资管理。

4. 合规管理

合规管理对于很多监管行业非常重要，监管机构有金融行业的银保监会、人民银行等，上市公司的证监会等。作为 CFO，需要很好地把握监管政策，主动、积极应对，以避免因合规问题给公司带来损失。

核心技能：监管政策研究；监管沟通及检查应对；监管信息报送；违规风险管理及违规后危机管理。

5. 管理会计

管理会计是当下各大 CFO 面对的既久远又新鲜的课题。国内正在掀起一波管理会计体系建设的热潮，CFO 不可免俗，必须要懂管理会计。

核心技能：维度体系搭建；收入分成管理；成本分摊；多维度盈利分析；作业成本管理；资金转移定价（FTP）管理；风险成本和资本成本管理；管会数据应用（定价、精准营销等）；管理会计系统。

6. 成本管理

成本管理单独拿出来说，是因为它对于每个企业来说都是十分重要的一项内容。对于 CFO 来说，要开源节流，其中的节流就要靠成本管控。甚至对于一些企业来说，成本管理是其生存的核心战略和命脉。

核心技能：成本战略体系设计；基于价值链的全成本管理；费用的前置管控；成本文化建设；最佳成本实践的形成和推广。

7. 财务风险管理

广义的风险管理领域是首席风险官的管理职责，但在财务领域，CFO 应该对财务相关风险予以高度关注，并实施有效的管理。CFO 力求创造价值，但必须牢记，风险是底线，控制好财务风险是一个好 CFO 的必修课。

核心技能：财务操作风险管理；财务风险意识及管理文化建设；RCSA 风险控制与自我评价工具的财务应用；KRI 关键风险指标体系的财务领域搭建；重大风险事件监控。

（三）业务财务基础能力框架

1. 产品财务管理

产品财务是业务财务中向产品事业部提供财务专业服务的队伍，CFO 需要基于产品财务队伍，加强对以产品规划、产品研发为核心的产品全生命周期的财务管理。

核心技能：产品规划及投资财务管理；产品研发财务管理；产品周转资金管理；产品质量成本管理；产品最佳财务实践管理。

2. 营销财务管理

营销财务是财务队伍中服务于营销或销售事业部的业务财务队伍。CFO 需要通过营销财务开展对营销、销售过程的财务管理，如合同商务管理、客户相关财务管理、销售费用管理等工作。

核心技能：商务合同财务管理；营销及销售费用管理；客户信用及风险管理；竞争对手财务及经营信息管理。

3. 供应链财务管理

供应链财务主要为企业经营中供应链相关环节提供业务财务支持。CFO需要借助供应链财务实现对采购、生产、配送等相关业务环节的财务管理。

核心技能：采购财务管理；生产财务管理；库存控制管理；配送物流财务管理；分销财务管理。

4. 项目财务管理

除了以价值链划分的业务财务之外，CFO还需要关注另一个业务财务维度，即项目维度。项目财务是从另一个视角与产品、销售、供应链财务进行矩阵式协同的业务财务职能。

核心技能：①研发项目财务管理；②市场推动项目财务管理；③售前/销售项目财务管理；④工程项目财务管理；⑤实施交付项目财务管理；⑥管理支持项目财务管理。

5. 海外财务管理

对于开拓海外市场的企业来说，CFO还需要高度关注海外财务管理工作，特别是在新进入一个国家时，海外财务的支持能力显得尤为重要。

核心技能：国家财税政策管理；海外机构综合财务管理。

6. 业财一体化管理

CFO需要始终保持对业务财务一体化的关注度和警惕性，通过加强业务财务一体化管理，实现有效的业务与财务核对管理，提升业务与财务的一致性水平。

核心技能：业财一致的制度及流程管理；业财对账管理；业财一致性系统管理。

（四）财务共享服务基础能力框架

1. 财务共享服务中心设立管理

财务共享服务在中国的发展已经超过了十个年头，如今大中型企业已普遍将财务共享服务中心作为标配。因此，作为CFO，需要对财务共享服务的模式有所了解，从而有效地开展建设。

核心技能：财务共享服务中心立项；财务共享服务中心战略规划；财务共享服务中心建设方案设计；财务共享服务中心实施；财务共享服务中心业务移管。

2.财务共享服务中心组织与人员管理

财务共享服务中心是一种基于大规模生产的运营管理模式，这种模式对组织和人员管理都有较高的要求，CFO应当关注财务共享服务中心的组织效率和人员的稳定性、成长性。

核心技能：财务共享服务中心组织职责管理；财务共享服务中心岗位及架构；财务共享服务中心人员招聘；财务共享服务中心人员培训及发展；财务共享服务中心人员考核；财务共享服务中心人员保留。

3.财务共享服务中心流程管理

流程管理是财务共享服务管理的精髓，CFO应当关注财务共享服务中心端到端的流程体系建设及流程维护、持续优化，以提高流程效率，降低流程成本。

核心技能：财务共享服务中心流程体系定义；财务共享服务中心标准化流程设计；财务共享服务中心标准化流程维护和执行监控；财务共享服务中心流程持续改进。

4.财务共享服务中心运营管理

财务共享服务中心需要有效地运营以创造价值，CFO需要对运营管理中的核心职能予以关注。

核心技能：财务共享服务中心绩效管理；财务共享准入管理；财务共享SLA（服务水平协议）及定价管理；财务共享人员管理；财务共享风险与质量管理；财务共享"服务"管理；财务共享信息系统管理。

5.财务服务外包及众包管理

服务外包和众包是财务共享服务模式的延伸和补充，CFO需要关注应如何进行外包、众包与共享服务之间的选择决策，同时对外包和众包的管理也需要有特定的模式。

核心技能：服务模式战略管理；外包供应商选择管理；外包商交付管理；众包平台搭建；众包平台用户获取、服务及管理；外包及众包风险管理。

（五）财务通用支持基础能力框架

1.财务组织、人员管理

作为CFO，建设财务组织、培养财务队伍是责无旁贷的。因此，人力资源管理理论在财务领域的应用也是CFO需要掌握的。一个管理不好组织、团队和人员的CFO，必然是一个不称职的CFO。

核心技能：财务的分层治理机制；财务组织架构及岗位设计；财务团队及干部管

理；财务人员绩效管理；财务培训及知识管理。

2.财务信息化及智能化管理

对于现代的CFO来说，财务信息化和智能化管理已经是不可或缺的技能。财务的大量工作都是建立在信息系统基础之上的，因此，对于CFO来说，懂一些信息系统知识是十分必要的。而在未来，财务的大量工作还会进一步被信息系统所取代。可以说，不懂信息系统相关知识的CFO在未来根本无法生存。

核心技能：财务信息化团队建设；财务产品设计及系统架构；财务与IT之间的沟通管理；财务大数据技术；财务自动化及智能化技术。

第三节 智能时代财务人员的择业模型

智能时代的来临，对整个社会包括财务人员的影响是全面且深远的。在这样的环境下，财务人员的择业观被影响和改变着。面对未来，财务人员有三种选择——不变、远离或拥抱。选择本身没有对错之分，但我们在作出不同选择的时候，都需要给自己找到适应智能时代环境的新择业标准，这将从某种意义上改变我们的职业生涯。

智能时代，世界在改变，财务也在改变。当智能时代来临的时候，财务人员不可避免地会受到巨大的冲击，也必须要面对认知的升级。无论是高级管理人员、财务经营分析人员、预算管理人员还是会计运营人员，都必须要面对这种改变。

这也引发了不少财务人员对未来职业发展的担忧，关于人工智能是否会取代财务人员的讨论也成为热议的话题。在2017年4月底召开的全球移动互联网大会（GMIC）2017北京大会上，李开复与霍金展开了隔空对话。霍金认为："对于人工智能的崛起，其好坏我们仍无法确定，现在人类只能竭尽所能，确保其未来发展对人类和环境有利，人类别无选择。"李开复则提出这样的问题："我们要看到，人工智能要取代50%的人的工作，在未来10～15年间，这些人怎么办？还有更重要的，教育怎么办？"是的，在智能时代，有些问题已不是我们能决定是否面对，我们只能思考如何面对。

今天，作为一名在职场中生存的财务人员，已经难以想象终生服务于一家企业。择业本就是一件不可回避的事情，而智能时代的择业将伴随着更加困难的抉择。

一、三种选择：智能时代财务人的"进""退""守"

在智能时代，财务人员面对整个社会变革、新技术的挑战能作出的选择无外乎

"进""退""守"三种模式。

"进"是一种拥抱变革的态度，虽然意识到智能时代会带来空前的挑战，但总有一些人愿意成为这场变革中的主导者和生力军，并在这场智能时代的变革中迎接挑战。

"退"是一种远离风险的态度，可能也是一种聪明的选择。如果知道自己没有办法成为"进"的那一群人，也意识到智能时代可能会促使现在的工作内容发生改变，那么明智之举就是及早远离现在的岗位，重新规划自己的未来，找到智能时代的避风港。

"守"是一种以静制动的态度，在难以作出清晰判断的时候，静观其变，并在坚守中慢慢寻找自身定位。但需要注意的是，在智能时代社会快速变化的大环境下，静守未必是好的选择，即使选择观望，也应当及早作出适合自己的关于进退的选择。

如果财务人员终究要在智能时代作出"进"或"退"的选择，那么影响选择的决策因素又有哪些呢？我们从以下四个方面来探讨这个问题。

（一）人工智能对其所处行业及公司的影响

在进行"进"或"退"的评估时，需要关注的是财务人员所处的行业及行业内的公司在智能时代将受到怎样的影响。我们说过，智能时代是一场巨变，在这场巨变中，有些行业和公司会兴起，而有些行业和公司会走向衰退。财务人员的职业发展本就依托于其所在公司的发展，当我们在谈论智能时代进退策略时，第一件事就是对自己所在公司的未来作出判断。行业兴、公司兴，则财务兴。什么样的公司在智能时代会兴起？想要知道这个问题的答案，不妨去读读这方面的畅销书，如吴军的《智能时代》、李彦宏的《智能革命》及李开复的《人工智能》。

（二）人工智能对其所在环境竞争性的影响

人工智能的出现会改变我们所在环境的竞争格局。对于有些公司来说，智能时代的到来有可能会让整个公司内部的竞争环境变得非常宽松。大家的焦点都在如何进行有效的合作上，并积极参与到智能时代的市场开拓中。公司的每一个员工都会感受到其存在的价值，自然有一个宽松的竞争环境。在这种情况下，财务人员可以考虑采用"进"的策略。而对于另一些公司来说，在智能时代将面临强大的压力，需要通过压缩成本、强化内部竞争来获得生存空间。在这样的环境中，如果不愿意忍受环境中激烈的竞争，则不妨采取"退"的策略。

（三）个人能力与智能时代要求的适合性

智能时代对财务人员的技能需求也发生了改变。智能时代的财务技能需求相比于传统需求有较大变化，如信息技术能力、建模能力、创新能力的提升等。如果财务人员期望在对智能技术大力推崇且形成了趋势性文化环境的公司内获得成功，就要对自己的存量能力和增量学习能力作出客观的评估，不能做到，则可以采取"退"的策略。

（四）个人对人工智能风险和挑战的喜好

智能时代的财务择业与当下相比会有更多的不确定性。技术的不确定性带来商业模式的不确定性，进而带来企业和行业的不确定性，而不确定性正是风险的内涵。在这样一个充满风险和挑战的时代，财务人员选择"拥抱"还是"远离"，在很大程度上和每个人对风险和挑战的喜好有关系。并不是说喜好风险和挑战就一定是好事情，如同投资决策中的风险厌恶程度，喜好就是喜好，并不存在道义上的对错。

当结合上面几个因素进行综合评估后，或许财务人员能够对自己在智能时代的"进"和"退"作出大致的判断和选择。

二、智能时代，财务人择业的"拥抱"模型和"远离"模型

如笔者在上文中所说的，财务人员在智能时代的"进"或"退"并没有对错之分，重要的是在决定了"拥抱"或"远离"后，能知道如何进行下一步的职业选择。这就是笔者在这里要谈的财务人员择业的"拥抱"模型和"远离"模型，如图3-2所示。

评估维度	维度说明	拥抱模型	远离模型
平台	择业对象是一个大型企业集团还是中小公司或创业公司	选择大型企业集团有更多的接触智能技术的机会	选择中小公司有更多的规避智能风险的机会
技术实力	在大数据、人工智能、云计算等方面是否具有优势技术能力	选择有技术优势的公司，享受技术红利，有利于财务低成本地展开智能应用实践；技术与平台形成合力	选择非智能技术方向公司，避免财务被动扯上智能技术，即使是小公司
行业	是否能够从智能技术中获得业务发展红利	选择进入金融、零售、通信运营等高度需要智能技术的行业	选择对智能技术需求不强烈的传统行业
财务交易规模	是否有大规模的财务交易	选择大规模财务交易的行业，没有财务的大数据，何谈智能化	选择财务交易规模较小的公司，靠人就可以了
待遇	简单地说：高、中、低	中等可能较多，高待遇当然更好了，低待遇也不妨考虑下综合收益	寻求中等收入、高收入看运气，太低收入果断放弃
未来发展机会	经过沉淀和积累后，能够到怎样的新平台	更大的公司、自行创业、咨询行业	相近规模的公司、小而全的公司

图3-2 财务人员择业的"拥抱"模型和"远离"模型

在这个模型中，我们从六个维度对择业目标进行简单分析。

（一）关于评估维度

1. 平台

对于平台这个维度，我们要评估的是择业对象是一个大型企业集团，还是中小型公司或创业公司。不同规模的公司能够创造的应用智能技术的机会和概率是不同的，公司规模越大，应用智能技术的可能性就越大，这是一个简单的逻辑。

2. 技术实力

在这个维度下，我们主要看一家公司在大数据、人工智能、云计算等方面是否具有技术能力方面的显著优势。具备技术能力的公司可能有两种，一种是使用这些技术来支持自身的主业发展的大公司；另一种是以这些技术为核心的中小型公司或创业公司。总体来说，技术实力越强，在财务领域应用智能技术的可能性就越大。

3. 行业

这里所说的行业关注的并不是行业在当前是否兴盛，更多的是要关注行业是否能够从智能革命的浪潮中获得业务发展的技术红利。一个能够获得技术红利的行业必将非常积极主动地应用智能技术。

4. 财务交易规模

为什么不看公司业务规模呢？对于财务来说，规模巨大的公司未必一定有大量的财务交易。而要判断智能技术在财务中的应用的概率，财务交易规模的大小和财务数据量的多少才是至关重要的。

5. 待遇

待遇，就是付给员工的薪酬。在择业模型中什么都可以不谈，但待遇是必须要谈的。但是在这里，只需简单地将待遇划分为高、中、低三个等级，在这两个模型中我们要看的是最低容忍度。

6. 未来发展机会

未来的机会就是现在的福利，对于择业者来说，要考虑的是现在的工作能够帮助自己未来进入怎样的公司、平台。如果和自己的职业规划是一致的，那么就可以作为择业模型的加分项；否则，将成为扣分项。

（二）拥抱模型下的选择

在拥抱模型下，我们对以上这些维度应当作出怎样的选择或考虑呢？

对于平台，选择大型企业集团，在财务实践中有更多的接触智能技术的机会。

对于技术实力，选择具有技术优势的公司，能够享受到技术红利，有利于财务在使用较低成本的情况下展开智能应用实践，也使财务智能化应用有了更早实现的可能。此外，智能技术还可以与平台形成合力，进一步推动智能技术在财务中的使用。

对于行业，选择进入金融、零售、通信运营等高度需要智能技术的行业，有可能更快地接触到智能技术。同时，这些行业对智能技术具有更好的认同度，能够营造出良好的创新氛围和环境。

对于财务交易规模，选择有大规模财务交易的行业是更好的选择。智能实践是建立在领先的数据技术之上的，没有财务的大数据，何谈智能化？

对于待遇问题，如果选择拥抱智能，也许要作出一些牺牲。较好的情况是能够获得中等待遇，如果能够获得高待遇当然更好，但是最重要的是，即使待遇偏低，我们也不妨考虑一下综合收益，即虽然在短期内待遇偏低，但有可能在未来的成长中获得快速弥补。在职业发展上，笔者一直坚信长线利益重于短期利益。

在未来的发展中，如果选择拥抱智能，将有机会进入更大的公司，或者为自行创业积累一笔宝贵的经验和财富。当然，年轻人有这样的经历，进入咨询行业也是一种不错的选择。

（三）远离模型下的选择

在远离模型下，我们对以上这些维度又该如何选择呢？

在平台方面，核心诉求是规避智能技术造成的职业风险。因此，选择中小型公司有更多的规避智能风险的机会，这些公司轻易不会使用价格昂贵的智能技术。

从技术实力来看，需要小心的是以智能技术作为主业的中小型公司或创业公司，他们不会放过任何拿自己人做智能实验的机会，财务不小心就会成为那只"小白鼠"。

对于行业，要绕开拥抱模型下的那些优选公司，如金融、零售。选择传统行业，则相对安全一些。

就财务交易规模而言，规模一定要小。在这种情况下，老板想的是如何用人工去解决问题，而不是使用机器来替代人。

在待遇方面，作为择业的财务人员，应当积极寻求中等收入职位，高收入职位就要看运气，如果是太低收入的职位，建议果断放弃，毕竟出来是避险的，不是出来降薪砸自己饭碗的。当然，能力不足则另说了。

未来的发展很可能是在相近规模的公司里打转，建议选择小而全的公司，一旦遇上创业潜力不错、有机会爆发成长并成功上市的公司，或许就实现财务自由了。

至此，读者应该已经掌握了智能时代进退自如的秘技。虽然技术在进步，社会在进步，但财务人员仍然能够找到适合自己的定位。

第四节 智能时代财会人员职业再规划发展策略

按照目前的财务人工智能发展状况,可以推测出以下几个发展趋势:首先,财务、审计等基础的比较简单的工作将会被取代,因此这方面的工作人员会大量减少。其次,中层财务岗位的部分数据报告工作将会被替代。但是,财务管理工作中关键和核心的工作内容逻辑判断较复杂,仍需要由专业的财会人员来判断和决策[①]。财务人工智能的发展目前主要会对企业初级和中级岗位的财会人员造成一定的冲击,本节重点针对该部分财会人员进行分析研究,深入阐述人工智能背景下财会人员的职业再规划及职业发展策略。

一、财会人员职业再规划与发展策略分析

(一)基层财会人员职业再规划与发展策略分析

小刘是一家科技公司的会计信息系统实施"专家",主要负责财务信息系统的维护和开发。小刘刚入职时是财务助理,深知财务人工智能对其工作的影响。因此,小刘一直思索自己未来的职业生涯发展路径。在人工智能迅速发展的外部环境下,传统的职业发展路径已经越来越窄,而且竞争也越来越激烈。人工智能对财务岗位的替代具有必然性和渐进性,从基础核算财务岗到中层财务岗都会受到人工智能的冲击。小刘通过自我分析,制定职业发展目标和具体实施方案。经过慎重考虑,小刘决定转型做一名人工智能系统的线下实施者。小刘在大学四年期间学习了会计学,拥有较好的会计基础,在校期间同时兼修了计算机专业,拥有较好的计算机基础。他经常利用业余时间对企业信息化系统建设及维护进行研究,同时还研究学习了人工智能系统开发相关内容。小刘现在是企业财务信息系统的辅助实施和管理者,辅助计算机系统正常运行。在工作过程中,小刘不但积累了与财务相关的工作经验,而且对计算机系统应用也变得更加熟悉。通过对小刘职业生涯再规划与发展路径进行分析,发现小刘职业转型面临以下问题:

第一,岗位职责低且技术含量不高。小刘作为财务助理,主要负责企业原始凭证的登记、整理、粘贴,记账凭证的登记整理及打印装订,以及其他需要外出办理的工

---

① 孟小荣. 新形势下我国管理会计发展与创新研究[J]. 财经界(学术版),2016(3):192.

商及税务相关事项，处理的事务烦琐且没有技术含量。

第二，工作范围比较窄，缺少全面分析的能力。小刘的工作重心主要聚焦在企业内部费用报销上，负责员工费用报销、单据整理及报销款支付等工作内容，接触不到与企业整体业务相关的工作，全面分析能力差。

第三，对企业经营业务不了解。小刘平时把注意力主要放在财务数据上，未完全参与到企业的生产经营过程中，不能对企业经营业务进行全面的了解，对企业生产经营的产品、生产流程及业务流程不熟悉。

第四，沟通协调能力较弱。小刘平时只关注财务数据及单据，很少与其他部门人员进行沟通，因此他的沟通协调能力相对比较弱。

小刘进行职业生涯再规划与发展，调整自己工作内容后的情况：

第一，岗位工作内容与互联网人工智能相关，工作岗位的技术含量增大，承担的责任增加，为小刘提供了很好的发展平台。

第二，更多关注企业整体数据。小刘参与企业财务信息系统建设过程中接触到企业内部整体的数据信息，可以从全局的角度分析企业的财务信息，对企业整体经营情况有了一定的认识。小刘通过运用财务信息系统将数据信息进行收集整合，为管理者提供具有科学性和系统性的分析报告。

第三，参与企业业务流程。小刘在建设企业财务信息系统过程中，涉及生产、销售、采购、人事、财务等多个部门的信息管理，在系统设立过程中既要保证审批程序简便，又要保证风险在可控范围内。在建设信息系统过程中，小刘不断研究生产和业务部门的工作流程，对企业的生产运营非常熟悉。

第四，沟通协调能力得到提升。通过建设企业信息系统，小刘需要与不同部门的领导和同事进行反复的沟通协调，其沟通能力、协作能力、工作能力等都得到了很大的提升。

小刘职业生涯再规划与发展前后对照情况，如表3-1所示。

表3-1 小刘职业生涯再规划与发展前后对照表

项目	转型前	转型后
财务战略	与企业发展战略无关联	支持财务信息系统建设，与企业的发展战略密切关联
财务角色	数据的收集与录入者	数据的汇总分析者
管理职能	对业务流程不了解	熟悉业务流程
人员素质	沟通、协调能力较弱	沟通、协调能力等得到很大的提升

对小刘职业生涯再规划与发展策略分析：

小刘作为企业财务信息系统维护负责人具有良好的专业技能。他具有良好的财务教育背景和扎实的计算机基础，对信息系统有浓厚的兴趣。小刘还利用业余时间参加了人工智能系统开发的培训课程，自己研读与互联网和人工智能相关的书籍。这些是小刘可以做好企业财务信息系统维护人员的基础。小刘还具有良好的沟通协调能力，在建立和维护企业信息系统过程中需要和企业各个部门领导及员工沟通交流，反馈信息。在系统实施过程中难免遇到阻力和困难，面对压力，小刘主动调节自己，保持正确的态度和良好的心态，全方位提升人际交往能力。财务人工智能程序需要后期不断维护更新，财务信息化系统和财务机器人的开发、应用和维护均依靠财会人员和计算机开发人员之间的沟通协调。因此，财会人员和人工智能机器科学研究人员可以相互取长补短，发挥财会人员在会计行业的特殊优势，与科学研究人员相配合，在财务人工智能程序化、计算机软硬件的研发、维护和升级上发挥重要的作用[①]。随着会计信息化系统的持续发展，财务机器人的开发、管理和维护，将催生兼备财务知识、计算机编程能力、机器人维护能力的复合型人才需求。

（二）中层财会人员职业再规划与发展策略分析

孙女士是某外企财务主管，属于企业的中级财会人员。面对人工智能的发展，孙女士作为一名财会人员，深知财务人工智能对其工作的影响。她通过对企业的财务制度及岗位现状进行分析，为自己的职业生涯再规划与发展做准备。孙女士不断完善自己的知识结构，注重团队合作意识的培养，在工作中不断提高自己的综合管理能力。

孙女士利用业余时间参加了MBA进修班的学习，精读企业管理和心理学相关书籍。她还参加了英语培训课程，在日常工作和生活中也不断练习，努力提高运用英语的能力。她非常注重提高自己与他人沟通协调的能力，培养管理能力和大局观念，提高自身的综合素质。孙女士具有良好的理解沟通和协调能力，较强的英语口语能力，熟练的财务专业技能和管理能力。她不仅熟悉中国相关法律，还熟悉西方财务法律法规。通过对孙女士职业生涯再规划与发展路径进行分析，发现孙女士职业转型面临以下问题：

第一，岗位职责比较单一。孙女士作为企业的财务主管，主要从事财务数据整理和分析工作，岗位职责相对比较单一。

第二，注重传统职责而缺少决策参与权。孙女士的工作重心主要放在传统财务管理上，很少涉及与制定企业战略紧密相关的税收筹划、风险控制、筹集资金、财务战

---

① ZHANG X Z. Accounting objectives and reporting system construction of managerial accounting in China[J]. Finance and Accounting Monthly, 2015(11):3-8.

略、投资业务等事务。

第三，与业务之间缺乏互动。孙女士把注意力完全放在财务数据上，未完全参与到企业的生产经营过程中。

第四，沟通协调能力较弱。孙女士最关注的就是财务数据，但因过度关注数字，使其在一定程度上缺少和其他人员沟通协调的技能。由于缺乏必要的沟通和协调，财务数据在企业快速发展时期已不能科学合理地反映企业价值。

孙女士进行职业生涯再规划与发展，调整自己工作内容后的情况：

第一，更多关注企业战略。孙女士通过转换财务管理思想，理顺财务管理目标，将财务管理的重点锁定在提升业务服务能力上，财务管理能力得到了全面提升，提高了财务参与制定企业战略的能力。

第二，以管理者的视角分析企业战略发展趋势。孙女士通过改变原有的工作模式，站在管理者的角度对企业情况进行分析，制定了企业财务战略。建立了企业风险控制系统，该系统包括信息系统、资金管理系统及绩效考评系统等。

第三，工作内容与企业发展战略变得更加密切。为适应企业快速发展的政策要求，孙女士通过及时转变战略思想，制定了以投资、筹资和风险控制为核心内容的财务战略来支持企业业务的发展。

第四，从"管理控制"向"决策支持"转变，孙女士从一名控制数据的财务主管，向为企业决策提供支持的财务主管转型。财务战略转型使孙女士成为业务的最佳合作伙伴，参与企业决策。

第五，沟通协调能力得到提升。通过进行职业再规划与发展设计，孙女士的沟通和协调能力得到了很大提升。同时，在孙女士的影响下，财务部门全体成员的整体素质也有了大幅提高。孙女士的领导能力和控制能力也不断增强。

孙女士职业生涯再规划与发展前后对照情况，如表3-2所示。

表3-2 孙女士职业生涯再规划与发展前后对照表

项 目	转型前	转型后
财务战略	与企业发展战略关联度弱	与企业财务战略和企业发展战略密切关联
财务角色	企业数据的反映者	企业决策的参与者
管理职能	对业务的指导力度弱	业务的合作伙伴
财务体系	财权分散、执行力低下的财务体制	集中协调一致的财务管理体制

续 表

项　目	转型前	转型后
决策地位	无参与决策权	有参与决策权
人员素质	沟通、协调能力较弱	沟通、协调能力等得到很大提升

对孙女士职业生涯再规划与发展策略分析：

孙女士作为企业中层财会人员具有良好的专业技能，为企业提供决策支持，促进企业快速发展和企业全球化；合理筹划配置企业资源，追求企业价值最大化，整合财务管理流程，促进企业战略决策的实现；策划和实施资本运作，为企业赢得更多的发展机会。孙女士通过项目投资决策分析、内部控制、利用管理会计工具进行绩效考核和业绩管理，为企业战略服务，工作内容不再局限于简单的财务工作，而是逐步实现了财务工作由价值守护向价值创造的转变。在财务人工智能背景下，孙女士十分重视专业技能与领导能力培养，进行有效的沟通和团队建设，制定财务服务业务的目标。她不仅熟悉中国相关法律，还熟悉西方财务法律法规，精通商务英语。利用业务数据和财务数据，通过业务与财务融合，为企业业务决策和管理决策提供数据支持。

人工智能背景下，财会人员岗位受到冲击，财务角色贯穿业务活动的整个运行过程，财会人员作为企业决策者的合作者，所有的职能都应与资源和业务相关，全方位服务于企业业务并自觉参与整个经营管理活动。从这一侧面表明，一些财会人员具有向管理岗位转型的潜力。因此，许多财会人员随着工作经验的积累及工作年限的增长，会逐渐向管理方向发展。

二、人工智能背景下财会人员职业再规划与发展的策略

人工智能背景下，财会人员最需要的是应变的能力和超前的意识。通过自我学习、参加职业发展培训等多种渠道，加深对职业再规划与发展的了解，通过学习和探索，找到设定职业再规划的方法，根据自身能力，制定职业再规划与发展方案[1]。首先，进行自我评价。在日常工作生活中，要多对自己的成就进行总结和反思，加深对自我的认识。其次，进行职业选择。在充分了解自己的强项和弱项之后，进一步明确自己的职业兴趣，并制定符合实际情况的、具有较高可行性的职业再规划方案。最后，调整职业计划。职业规划方案不是一成不变的，而是要随时根据内外部因素的变

---

[1] 谭群霜.职业生涯规划活动的设计与反思[J].教学与管理，2018(1):29-31.

化而及时调整。针对人工智能背景下财会人员面临的问题,财会人员的应对策略有以下几种。

(一)财务基础岗位向高级岗位转型

1. 向管理会计转型

人工智能时代,在财务机器人普及和大量财务软件上线运行的情况下,企业的财会岗位将会得到削减和整合,市场上的财会岗位总数将会逐年缩减,财会从业人员的需求也会有所降低,其中受到突出影响的是从事基础核算工作的财会人员。对于这部分财会人员来说,为了不被历史发展潮流所淘汰,就需要及时更新自身的知识结构,提升自身的价值,以求适应人工智能时代的财务管理需求。结合当前财会人员的基本情况和企业发展的现实需要,财会人员最理想的转型之路就是由财务会计尽快转型为管理会计。人工智能时代,企业对管理会计的需求量会与日俱增,管理会计将会是企业财会人员的主流。众所周知,管理会计需要具备洞察未来和指引决策的能力、管理风险的能力、建立道德环境的能力;还需要具备管理信息系统和与他人合作达成组织目标的能力。首先要重视数据分析,明确管理数据与财务数据的区别。管理数据不同于财务数据,它是企业基础核算数据整合之后形成的,对企业战略发展具有指导意义的信息,包含企业基础信息、财务数据、业务数据、业务信息等相关内容[1]。企业对传统会计数据进行分类,更接近于企业的业务活动和管理要求,也能反映企业管理中所有环节中的投入与产出关系,对于业务部门来说,这样的会计核算大大增强了成本控制的责任感。

2. 向国际会计转型

人工智能时代,大中型企业和跨国企业的业务范围和投资领域将会再次扩展,更多的企业将会走出国门与其他国家和地区的市场主体开展广泛而深入的合作,这就需要财会人员具备广阔的国际视野,不仅要了解投资目的地的风土人情和政策法规,还要了解和掌握投资目的地的财政税收情况和会计核算、利润分配、投资收益分配、税收返还、优惠政策等多个方面的专业知识,从财务管理和成本控制的角度为企业发展提供必要的技术和财务支持。从全球化发展的角度分析,会计行业的发展越来越国际化,需要财会人员具备一定的国际管理能力,如具备丰富的专业知识和商务英语理解沟通能力并熟悉全球经济和商业环境,具备职业判断与决策能力、风险控制能力及管

---

[1] 杨延华. 企业会计人员职业胜任能力评价研究[D]. 大庆:黑龙江八一农垦大学,2012.

理能力[①]。对于英文水平比较高的财会人员来说,可以参加一些与国际税法相关的培训课程,对国际税法进行系统的学习。具备专业的财务知识和技能、熟练的英语运用能力、精通国内和国际税法的财会人员将是顺应未来发展趋势的财会人才。

(二)财会人员自觉提高职业胜任能力

1. 加强人际沟通

要在工作上取得成就,实现自己的职业规划,仅仅有硬实力还不够,还需要足够的软实力,即良好的人际沟通交流能力。企业内部的良好沟通不仅可以提高工作效率,还可以营造良好的工作氛围,使员工保持友好相处的关系;另外,良好的沟通还可以使员工明白目标差异,从而调整各自的行为,进行有效的合作;良好的沟通能力可以提高管理效率。财会人员通过与上级和同事的交流沟通,可以进一步了解自身的缺点和不足,并不断完善自我。

2. 充分利用职业再培训提高自身能力

利用业余时间参加财务专业培训,考取财务职称证书,抓住每个学习和培训的机会,努力增加自己的职业知识积累,提高职业技能。随着会计新政策、制度、技术、方法的不断更新改革,财会人员在完成基础岗位职责的前提下,面对财会行业的转型和发展,必须保持不断学习的态度,通过多种渠道和方式,丰富自己的知识,提高各项工作技能,使自己的知识和能力能够应对不断变化的环境,进行动态的职业规划,合理利用财务资源和创新管理机制,提高自己的工作能力。

3. 不断积累知识和提高技能,做到业务财务一体化,培养全局观念和战略规划能力

财会人员不仅要了解财务专业知识,还要熟悉企业的经营业务,了解所在企业的行业类型及特点,对企业进行业务流程再造和资源整合。财会人员提高自己的控制能力和职业判断能力,对未来的业务作出合理的分析和判断。身处企业相对独立的部门,财会人员必须站在全局的角度,客观公正地看待所有的经营问题。财会人员不仅要关注财务报告数据,还应结合宏观经济和行业形势,从更广阔的视野和更长远的角度来分析决策,使资源配置更加合理。此外,财会人员还应培养战略规划能力,财会工作应该围绕企业目标,服务于企业的战略。

4. 培养独立分析的能力和风险管理意识,完成企业流程优化

只有通过对数据进行分析,了解数据背后的信息,才能转化为对企业有用的经营

[①] EDDY A, EDDY D, DOUGHTY J. Evidencing continual professional development: Maximising impact and informing career planning[J]. Journal of Medical Imaging and Radiation Sciences, 2015, 46(4): 361-364.

决策。财会人员要用会计专业思维分析和思考问题，充分利用财务专业知识对企业进行风险控制，通过分析财务数据，洞察企业可能存在的经营风险和财务风险。财会人员需要从业务的角度来探讨项目的可行性，并通过对项目的可行性进行事前评估，分析企业的业务发展趋势和相应的资源配置问题。在一些发展到一定规模和水平的企业中，业务非常复杂，审批流程非常烦琐。为了使企业中的审批流程更加顺畅便捷，管理需求与财务控制之间需要达到一个平衡。因为如果设定一个烦琐的审批流程，审批工作的效率会降低，但是如果审批过程过于简单，风险监控就可能会出现漏洞。这就要求财会人员自觉熟悉整个过程和状态，对各系统的关联性进行设计和优化，对风险进行预先评估和漏洞管理，实施有效的控制措施，提高审批系统的效率等，优化企业流程。

（三）财会人员主动拓展职业发展类型

1. 向投融资岗位转型

企业发展过程中，往往涉及投融资相关业务，而财会人员是企业的核心人员，熟悉企业经营情况，对投融资拥有一定的建议权。财会人员可以从企业会计准则、证券金融、财务管理、内部控制、经济热点等方面入手，努力增强对宏观经济学、金融学、市场营销学等相关领域知识的研究，增强自己对投融资工作的理解，通过不懈的努力，使自己的投融资能力不断提高，由原来的会计专业人才向企业投融资管理型人才转变。

2. 向企业主转型

财会人员在职业生涯规划与发展过程中，可以充分利用各种资源和平台学习与创业相关的知识，有意识地参加一些与目标行业相关的培训课程，了解目标行业的信息，不断为自己创业打下基础。培养自己良好的心理素质和心理承受能力，培养自己独立思考和独立行动的好习惯。充分认识自己的知识结构，制订适合自己的发展计划和目标，为实现目标而不断努力。

3. 向职业经理人转型

财会人员在熟悉企业工作的前提下，可以利用业余时间参加 MBA 培训课程，充分学习管理学相关课程的内容并掌握与职位相关的工作技巧。学习心理学和管理学，拓宽财会人员的知识和技能。在工作中不断学习思考并掌握更多与会计相关的工作技巧，学会分析企业和整个行业的发展趋势，随时关注国家的宏观经济政策。不断提高英语水平，使自己的知识不断更新，在工作学习中快速成长。

4. 将财务专业知识与人工智能技术相结合，向人工智能的线下管理者转型

在知识更新换代不断加快的时代，会计工作也处于不断变化的状态，因此财会人

员不仅要掌握基本的理论知识，还需要通过多渠道学习新科技知识和技能，迎接人工智能带来的新挑战，学习和掌握人工智能相关技术，将财务专业知识与人工智能技术相结合，辅助人工智能系统开发和升级，更高效地履行财会人员的工作职能。

5. 尝试跨领域发展转型

突破财会专业的局限，在掌握会计专业知识的基础上，接受跨专业的转型和学习，拓展职业发展空间。财会人员可以根据自己的兴趣爱好和工作经历选择从事销售、技术、人力资源等工作，通过不同专业之间的交流学习，增强财会人员对自己职业生涯发展方向的认知。

（四）财会人员应加快打造自身软实力

1. 加快成长为复合型人才

人工智能背景下，企业财会人员面临的失业风险将会大大增加，工作流程的简化和工作强度的逐步降低使财会人员不得不主动参与企业经济事项决策，并为决策人员提供专业性的财务意见和建议。在税收筹划、投资方案拟定、内部控制、风险指引和防控措施制定、收入预测、投融资决策等方面依靠自身的专业知识，切实提升资本运作和资金管理水平，以专业财会人员的视角参与企业经济事项决策，加快成长为复合型人才就成了当前财会人员的现实所需，也是人工智能时代企业发展的必然选择。作为财会人员，不但要掌握更多的财经理论知识，而且要能够在实际操作过程中将理论与实践相结合，用理论指导实践，依靠分析提炼的财务数据，总结归纳和分析企业应当采取的财务管理措施、战略性业务拓展措施和会计核算政策。

2. 掌握必要的大数据管理和集权化财务管理知识

在人工智能背景下，市场竞争将会更加激烈，企业主对所聘用的财会人员的要求将会一再提高，在会计核算尤其是账务处理全程自动化的基础上，财务分析与决策的精准化和智能化是企业发展的必然需求，这些都需要充分依托大数据分析。因此，财会人员需要掌握必要的大数据管理的相关知识，能够在庞杂的基础数据中分析提炼出企业发展所需的财务数据，进而制定出适合企业发展的财务政策。人工智能时代，传统的会计岗位将会大大缩减，企业财会人员将会更加集权，实现信息共享和财务会计处理规范化、标准化、便捷化。财会人员除了需要学好财务相关知识外，还要不断拓展自己的视野，为以后的职业生涯发展打下坚实的基础。努力提升自己综合运用知识的能力，重视人际关系的培养，发挥工作主动性和积极性，充分利用各种机会锻炼自己，积累丰富的工作经验。人工智能背景下，财会人员需要尽快转变工作理念，培养自己的全局观念，站在全局的角度，客观公正地看待所有的经营问题。培养独立分析的能力，只有通过对数据进行分析，了解数据背后的信息，才能将其转化为对企业有用的经营决策。将互联网和会计工作相结合，用会计专业思维分析和思考问题，主动分析经济形势，积极顺应社会发展形势，转变自身职能，提高自己的核心竞争力，不断提升自身素质。

　　企业需要参与到财会人员的职业生涯规划过程中，不断完善企业的人力资源管理相关制度，与财会人员建立良好的沟通渠道。加强对财会人员的职业指导和辅导，提高财会人员的工作效率。建立职业生涯管理体系、职业生涯管理保障体系，并对职业生涯管理体系实施过程进行管理。当今竞争日益激烈，企业更需要不断完善人力资源管理相关制度，重视财会人员的职业生涯规划。把财会人员个人的职业生涯规划作为企业战略发展的一个重要组成部分，协调个人职业目标和组织发展目标，使其共同发展，以形成更有凝聚力的企业合作伙伴关系，更有效地调动财会人员的工作积极性。从以人为本的角度出发，关注财会人员职业发展诉求，拓展其职业发展空间，满足其不同阶段的需求，使财会人员的岗位能力和价值贡献得到更好的发挥。指导财会人员全面系统地掌握专业管理知识，并积极扩大和培训运行管理、风险控制等相关业务，从理论知识、管理要点、协调实践等多个维度出发，提高财会人员对企业风险和经营业务的全面理解能力。

第四章 智能时代财务教育改革

第一节 智能时代大学财务教育的变革

教育为什么要改革，大学在智能时代能够做些什么，如何构建高校财会教育能力几个角度切入。最后，再一起来看看那些已经行动起来的高校正在做的事情。如图4-1所示。

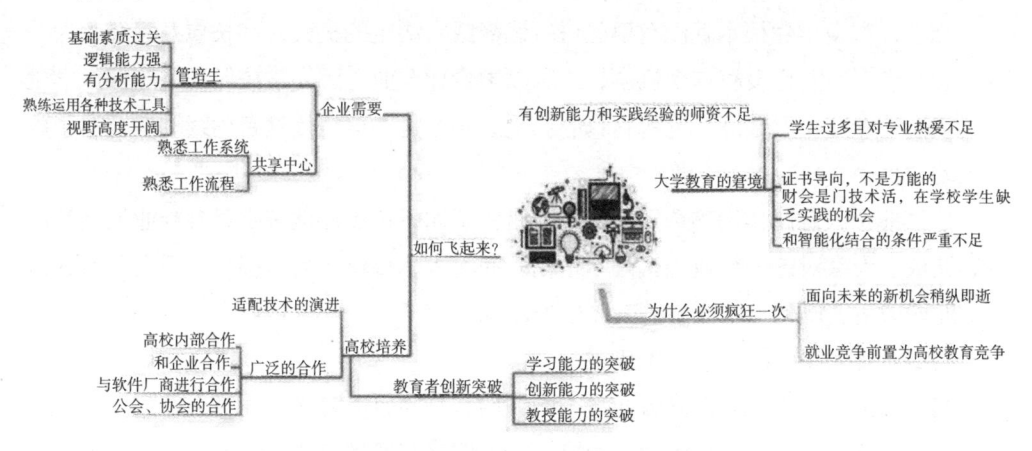

图 4-1 智能时代大学财会教育分析

一、大学财会教育的窘境

对于大学财会教育来说，并不是大家不愿意作出一些改变，而的确是存在着一些客观的困难和挑战。实际上，如果大家用心去观察，就都能看到这些无奈。今天，企业抱怨找不到好的人才，但同时又有更多的大学生为无法就业而苦苦纠结，听说不少学生从大三开始，就对未来的就业和职业发展感到有些悲观和忧虑。虽然这些问题早

85

就存在，但竞争毕竟没有今天这么激烈，就业机会还是很多的。

那么，是什么造成了大学财会教育的窘境呢？笔者总结出下面几点原因。

(一) 具有创新能力和实践经验的师资不足

教书育人，好的师资是极其重要的。在这些年里，笔者没有中断学习，听过很多不同高校名师的课程。在那些优秀高校的顶级师资中，有不少教授兼具创新能力和实践经验。一方面，这些优秀的教授没有停止过自我学习；另一方面，他们更多的是向企业管理人员授课，从而以另一种方式积累着实践经验。

但同时，国内还有不少高校教师是没有这样的声望和条件去获得创新和实践的机会的。由于大学教师任职的门槛高，企业中有实践经验的管理人员也基本没有进入大学任教的条件。这就造成了大学里具有创新能力和实践经验的师资不足。

(二) 学生过多且对专业热爱不足

很多学生在高考填报志愿时，并没有认真地思考过选择财会这样一门专业对自己来说到底意味着什么？自己是否会真心热爱这门学科？没有兴趣的学习注定是低效的，并且学习者也难以成长为最顶尖的那一批人。

当然，很多学生根本就没有自己进行选择或者决定的机会，家长包办已经成为一种常态。笔者当时也没有这个机会，之所以学会计专业是因为学校保送，而保送学生必须读会计专业。但是好在笔者是真心热爱这一专业，这也使笔者后续的学习有了更多的动力。

这种非个人意愿作出的选择，再结合有些媒体不负责任地鼓吹财会专业的高就业率，造成了大家对这个行业的认知不足和一拥而入。每年社会上都会出现上百万的财会专业毕业生，以致于毕业生的就业成为难题。

(三) 证书导向，不是万能药

当学校的教育者们意识到就业是个问题后，开始研究怎样解决这个难题。考各类财会证书开始在大学中流行，学生的核心任务似乎突然间变成了考证。当然，相比那些连证都不考、完全消极应对就业压力的学生来说，考证的学生还属于能积极应对就业挑战的。但这背后也带来了新的问题。

在学校中流行的各类职业证书本是针对在职人士的，而且当其积累了一定的工作经验以后再来学习会更有价值，而学生单纯以应试为目的，其学习效果差了很多，拿到证书的学生也未必能够应对复杂的工作实践场景。当然，一些国内外的财会公会、机构也在积极扭转这种局面，通过在学校中开展各类素质提升活动来帮助学生成长。

（四）财会是一门技术活，在校学生缺乏实践的机会

财会专业本身，特别是会计专业，可以说是一门技术活，经验的积累很难一朝一夕做到。而学校中设置的很多课程还是偏理论性的，学生一旦面对实务，则往往难以上手。

这种情况的出现是因为很多高校和企业脱节，学校教育难以模拟还原真实的实操场景，虽然近些年出现了各类实操实验课程，但多数还是属于纸面设计，在信息系统的拟真性上还有很大的差距。也有一些高校试图将学生推荐到企业实习，但由于学生能力不到位，本身做不了什么，而且企业也很难为了短期实习投入大量的精力并从中受益，实习这件事情在多数情况下流于形式。

（五）智能化结合的条件严重不足

在智能时代，高校和社会实践就更容易脱节了，不但和智能化结合难，而且多数高校还处于和信息化难以有效对接的阶段。对于财会学科，国内很多院校只能基于一些传统的本土产品构建学习环境，对于 ERP 的应用，以及更为复杂的管理会计、共享服务、经营分析等应用场景则很难构建环境，更谈不上构建智能时代所需要涉及的大数据、云计算、区块链、人工智能等技术领域的学习环境。

二、大学财会教育改革的必要性

对于高校来说，怎样打破这样的窘境呢？在计算机技术出现的时候，很多高校的财会专业没有抓住机会，在学校中的计算机专业如火如荼发展的时候，财会专业还在 Excel 和会计电算化中苦苦挣扎。在互联网出现的时候，差距进一步被拉大，学校难以为财务专业搭建一套完善的拟真网络化作业平台，学生难以在网络环境中学到互联网时代的分工协同。而今天，高校的财会教育改革势在必行。

（一）面向未来的新机会稍纵即逝

机会并不是随时都会来临的，也不会轻易出现在没有准备的人面前。如我们前面所说的，在信息化和互联网时代来临时，多数高校都没有抓住机会。而今天，智能时代已经到来，如果错过了这个机会，有可能会错过在未来数十年中最大的一次机遇。

在从互联网时代向智能时代转变的过程中，技术会呈现爆发式的演进，已经没有机会让我们再像过去那样，花上十年、二十年的时间来慢慢学习、慢慢转型。如果自身没有做好准备，机会将稍纵即逝，而在第一个环节被落下后，将难以追上后续的步伐。想要做好准备，就必须有点儿疯狂的精神和行动。

（二）财会专业学生的就业竞争前置为高校教育能力的竞争

财会专业毕业生的竞争环境已经到了非常严重的程度。一方面，财会专业毕业生的数量还在持续增长；另一方面，有很多单位没有招聘应届财会毕业生的计划，财会专业学生整体就业形势异常严峻。

原本受到毕业生热捧的国有企业和外资企业都面临着各自不同的问题，国有企业的光环在慢慢消退，国企"高薪、稳定"的形象在当前的环境下难以维持；而外资企业在国内人力成本上升的压力下，有很多也在慢慢撤离到成本远低于中国的印度、马来西亚、越南等国家。

在如此严峻的环境下，高校之间的竞争很多时候都成为就业水平的竞争，而就业的核心在于学生的素质和能力与企业用人需求之间的匹配程度。在未来，能够在智能时代培养出满足企业用人需求的高校，必然是在智能化浪潮前敢于"疯狂"一次的那些学校。

三、如何构建智能风口飞起来的能力

面对不足，如果大学财会教育的管理者能够意识到这个问题，那么现在仍然有机会去构建智能时代的教育能力。智能化的风已经刮起，但并不是谁都能飞得起来，要抓住这一机遇，必须用心去构建自身的能力。

（一）站在企业的角度来说，需要高校输出怎样的学生

有些企业会每年设定一些名额，从名校中优选学生作为管理培训生。这些企业对学生综合能力的要求很高，如果企业本身处于智能化行业的发展受益通道中，则会侧重于学生对智能技术理念的关注和准备情况。而有很大一批素质不错的学生会进入会计师事务所或者咨询公司。如图4-2所示，根据笔者自己曾在咨询公司的用人经验，更倾向于选择那些基础素质过关、逻辑能力强、有分析能力、能够熟练运用各种技术工具且视野高度开阔的学生。因此，可以看到，对于相对高端一些的用人需求来说，与智能时代技术理念的接近程度，在很大程度上决定了其进入优质岗位的机会。

图4-2 优秀企业对毕业生的选择标准

而非常多的学生会从标准化的基础工作中开始自身的职业生涯，如财务共享服务中心。在今天，即使是财务共享服务中心，对学生的能力也有一定的要求。财务共享服务中心更愿意选择那些对常用作业系统、作业流程有一定认识的学生，在后续的培养过程中可以更高效地达到预期效果。而那些对共享中心运营环境有着更深入的理解，而且有潜质参与到流程优化和改进过程中的学生，在未来则有机会从作业型岗位走上运营管理的相关岗位。

（二）高校如何输出满足智能时代要求的优质学生

对于高校来说，具体使用怎样的方法来输出满足智能时代要求的学生呢？笔者认为有三个方面非常关键，分别为技术的演进、广泛的合作及积极的创新突破，如图4-3所示。

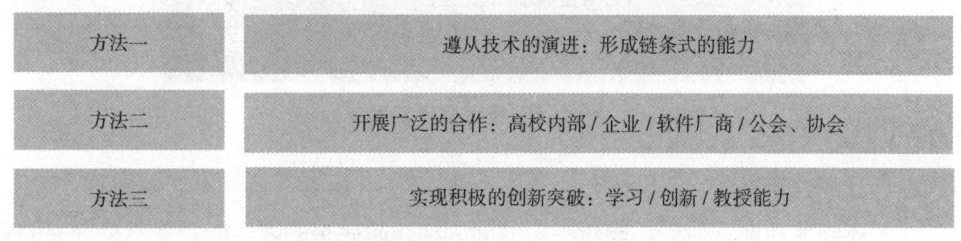

方法一	遵从技术的演进：形成链条式的能力
方法二	开展广泛的合作：高校内部/企业/软件厂商/公会、协会
方法三	实现积极的创新突破：学习/创新/教授能力

图4-3 高校培训优质财会专业学生的方法

1. 技术的演进

我们必须认识到，智能时代的到来并不是突兀的，它的出现与之前的技术发展之间存在着不可割裂的关联关系，也就是说，存在一条技术演进的路线。对于高校来说，如果要在智能时代抓住机遇，就需要在这之前快速补课，将整个技术演进路径的能力构建起来。那么，这条技术路径是怎样的呢？

首先，从互联网开始。在当今社会环境中，学生必须对互联网有深刻的认识，企业财务所有的工作都是在互联网下的协同环境中实现的。同时，基于互联网延伸出丰富多样的财务创新应用，如财务共享服务、业财一体化、前置业务流程中的财务成本管控（商旅管理、电商采购）等，这些都超出了传统财会教育的范畴，而全面预算、管理会计、经营分析等也都离不开互联网环境。在互联网基础上演进形成的是移动互联网，这一模式从本质上和互联网是相似的，但也丰富了财务的业务场景。

其次是大数据和云计算。在大数据和云计算下，传统的财务分析工作会受到影响和改变，而财务的作业平台也会涉及越来越多的云计算模式，如Oracle和SAP在全球范围内大力推行的云计算服务。在这个阶段，需要高校帮助学生提升自身的认知能力，使学生能够基于这些技术对财务的影响形成自己的观点和认识。而依托大数据和云计算的产品应用，也是需要关注的。

最后是人工智能技术的出现。人工智能是大数据和云计算发展到一定阶段后，才能够在企业实践中有效运营的技术。在这个阶段，高校需要培养学生的算法能力，虽然是财会类学生，但未来优质的工作岗位一定属于那些能够结合财会知识和算法能力的复合型人才。

如图 4-4 所示，上面提到的技术演进路径要求高校无论是在师资储备、研究能力和学习，还是在实验环境的储备上都要形成链条式的能力，帮助学生在大学学习期间完成对整个技术演进的认知。

图 4-4　技术演进路径

2. 广泛的合作

我们还要客观地认识到，要想在短时间内构建起完善的教学能力并不是容易的事情，如果仅仅依靠自身的培养和建设，则很有可能在能力尚未建立时便错过了重要的机会。那么，如何快速构建能力呢？广泛的合作是最佳的选择。在这里，我们谈四种合作模式。

第一种合作模式是高校内部合作。当然，一谈到内部合作，大家都会抱怨合作并不容易。在内部合作方面，特别建议综合性大学和理工科大学进行一定的尝试。在这一类院校中，信息技术类学科的积累较深，与企业财务部门在进行自身变革时寻求公司内部科技部门的帮助是同样的道理，高校的财会专业借力信息技术类专业，能够快速弥补自身的短板和不足。当然，对于一些纯财经类院校，可能在这一方面就会有些难度。

第二种合作模式是和企业合作。近几年，也有一些高校和笔者探讨过这个问题，他们希望能够通过与企业合作，为学生创造更多的实践环境，如联合建立实验室、成立实习基地等。这种模式应用比较多的主要是在财务作业运营领域，由于企业存在用工需求，希望以此来降低自身的运营成本，而高校希望给学生找到实习实践的机会，这就使双方的合作有了基础。

第三种合作模式是与软件厂商进行合作。实际上，这种合作模式是比较常见的，但是存在合作对象不足的问题，国内院校大多与金蝶和用友公司开展合作。但是在企业实践中，对财务信息化产品的应用远不止这些，大型企业集团涉及的财务信息系统可能有数十个。在这种情况下，高校应当考虑与更广泛的软件厂商展开合作，建立丰富多样的联合实验室。对于软件厂商来说，与高校的合作在其产品的研发、测试上都会有所帮助，不妨找到双赢的合作点。

第四种合作模式是与各种财会公会、协会合作。与这一类组织的合作并不只有考试认证，站在高校一方，应当考虑如何借助这些机构的力量来帮助学生打开视野。这些机构通常都有非常丰富的企业专家资源，借助这些机构引进专家走入大学是很好的教育创新形式。

3. 积极的创新突破

高校财会教育要想破茧而出，必须苦练内功，进行积极的创新突破，从思想上提升对智能时代的认识。实际上，财会人员无论是在高校教师的群体还是企业内部，都很容易被打上保守、不善创新之类的标签。

如果要求高校的财会教育者能够达到智能时代的人才培养要求，就需要进行必要的自我突破，而不能继续依赖传统的知识体系。庆幸的是，近年在和高校的接触中，笔者看到了一些有想法的学者在积极突破自身的桎梏，能够做到空杯心态，走到面向企业管理人员的社会化培训的课堂中，去提升自身能力，并获得创新的思想。

高校的教育者要在以下几个方面实现突破。

第一，学习能力的突破。高校的教育者要能够做到快速学习和终身学习。如果一个教书育人者自身的学习能力不提升，则很难帮助学生跟上时代的步伐。不妨借鉴企业管理人员的学习方法，积极参加社会化培训，借助互联网进行碎片化学习。

第二，创新能力的突破。教育本身就是一个产品，对于高校教师来说，要有产品经理的精神，关注用户的需求。不妨借鉴一些产品经理的工作模式，把创新当作一门学问深入钻研，设法将财会教育这个产品打造出不一样的新模式。

第三，教授能力的突破。好的教育是能够用通俗易懂的方式帮助学生成长。好的大学教师不应当再把考试、考证作为教学追求，而需要提升自身的教学能力，将学生当成社会人来对待，试着用培养企业员工的标准来培养学生，跨越高校与企业之间人才衔接的断点。

智能时代的财会教育，是未来整个财会行业发展的基石。站在企业的立场，我们期待高校能够培养出越来越多高素质、有创新能力、视野开阔的财务后备人才。

第二节　财务共享服务课程体系开发与建设

财务共享中心所需人才呈现规模大、专业性强等特点，导致其已经成为各企业发展财务共享中心的一大障碍。财务共享的发展推动了人才转型，因此对于财务共享中心的人才培养、支持方面的探索显得尤为重要。

一、校企合作联合培养

虽然中国高校培养了大批会计人员，但很难满足社会对专业型和管理型多层次会计人才的大量需求。

人才培养策略的实施主要集中于基层适用型人才，是构建行业人才结构基础的主要方式。因此，对于共享中心、财务服务外包等智力密集型服务业来说，培养人才更是至关重要。新型产业需要新型人才，新型人才培养需要创新性的理念和方式。地方政府可以采用给园区企业培训补贴等措施来支持企业的员工培训，也可以通过与企业或者第三方机构合作来培训人才。

一些网站如中华品牌管理网，提供了相关的财务共享人才培养课程。提供的课程包括"如何建立财务共享中心""企业财务共享服务""财务共享中心的建立和运营管理""未来财务模式""标杆企业财务共享服务案例""财务创新管理""人单合一双赢""与财务共享服务""HR 共享服务中心的建立""管理与优化""移动＋互联＋大数据时代企业集团财务共享服务运营实战技能""财务共享管理模式""财务共享中心优化与完善""非财务经理的财务"。除了理论课程之外，该网站上还提供了一些案例分析课程，如"海尔财务管理时间课程""全球 500 强财务管理最佳实践"等。

类似这样的社会培训网站和课程在其他网站也有出现，但数量不多且价格昂贵。因此，建议各大学习网站可以全面普及一些价格较为合适的网络课程，让那些工资不高、从事基础财务工作的财务人员也有机会了解关于共享中心建设的知识。

此外，除了在网上开设课程，财务共享服务建设的相关内容也可以加入各大高校会计教育的课程体系中，采取企业与高校相互合作的模式；也可以设立专门的财务共享方向的会计专业，请一些在财务共享领域资深的专家合作授课。

二、财务教育培养的课程体系

无论是社会培训还是高校专业培训，建议财务共享课程规划从课程标准开发和课程教学体系开发两个方面进行探讨。

（一）课程标准开发

根据《会计行业中长期人才发展规划（2010~2020年）》中对财会人才的要求及在"互联网+"时代背景下的财务人员转型趋势，财务人员的职能发生了变化，工作重心由核算向管理—业务财务—财务管理决策转变，同时财务工作职能面临着像工业4.0一样的发展进程，出现财务领域的4.0，这是社会经济发展的必然趋势。"财务共享服务"课程的设计开发将与时俱进，人才培养定位从核算型转向管理型，以实现工作体系到课程化的转变，职业能力标准到课程标准的转变，以就业为导向，培养学生良好的职业道德和素养，使学生具有熟练的职业技能和可持续发展的关键能力。

课程建设团队将采用以下具体开发步骤。第一，由项目负责人牵头，构建由专业带头人、骨干教师、企业技术人员组成的课程建设团队，共同分析职业岗位（岗位群）能力，设计调研方案，面向会计岗位从业人员进行典型岗位调研和调查统计分析，形成调研报告。第二，根据岗位的任务、项目、能力、知识进行分析综合，形成职业岗位（岗位群）能力分析表，项目成员分解各岗位（岗位群）所需的能力、素质、知识的关联性，撰写课程标准初稿。第三，召开由课程研发专家、企业财务主管、CPA及项目团队成员参与的现场项目研讨会议或者评审会，审议通过课程标准。

从高校会计专业课程的具体设置而言，高校是培养管理人才的重要阵地，在新时期大力推广管理会计、推进财务共享服务，需要进一步优化学校的管理会计人才培养方式。面对商业发展和我国高校管理会计教育的现状，对高校管理会计人才培养提出以下构想。

从宏观角度来看，高校会计专业应按照"厚基础、宽口径、强能力、高素质"的原则进行设置。

首先，重点高校的会计专业应适当缩减原有的大量的会计基础类核算课程，因为这些工作会在财务共享服务的趋势下逐渐被学历相对较低的人员承担。

其次，要正确认识和理解管理会计与财务会计的融合，因为管理会计起步于财务会计。在强调学生数学能力、统计能力和计算机能力的基础上，专业课应尽量涉及企业管理的各个方面。

最后，认清管理类会计人才知识的宽广性，高校需要拓宽专业，整体优化。在时间安排上，前两年的主要课程及实践环节都可以与同一领域的其他专业有共同的专业基础课，按管理学科宽口径培养，以打好专业基础；同时根据人才培养的方向不同设置一定数量的选修课程，后两年则分专业方向培养。

（二）具体课程设置

培养管理类会计人才，需要开设多元化的课程，不能仅仅围绕管理会计本身的内容开课。我国高校新型会计专业合理的专业课程体系应分为以下三类。

第一类是专业基础课。主要有经济学原理、会计学原理、管理学原理、金融学、经济法、统计学、市场营销、高等数学、线性代数、概率论与数理统计。这些旨在让学生掌握本学科的基础理论、知识和技能。

第二类是专业核心课。一是专业必修课：中高级财务会计、财务报告分析、企业战略管理、财务管理、成本管理学、投资学、审计学、税法；二是专业选修课：管理信息系统、专业英语、资产评估、商业银行经营管理、金融工程学、税务筹划。这些是集中体现本专业特点的核心课程。

第三类是跨学科课。主要包括证券投资理论与实务、计算机会计、国际金融、会计制度设计、租赁会计、环境会计专题、人力资源会计专题等，这些课程旨在扩展学生知识面。

同时，应注重中国经济和企业发展中出现的新财务问题，应结合学生的培养需要，体现在会计教材及具体教学过程中。例如，财务共享服务案例分析；中国集团企业财务问题，如集团企业的财务体制、资本经营、集团企业母公司对子公司的财务激励与控制等；中国中小企业财务问题，如中小企业的融资环境、财务特征、改制及出售等；中国上市公司财务问题，如上市公司融资机制与融资结构、投资机制与投资行为等。

（三）理论和实践相融合的课程教学内容和结构体系设计及建设

"财务共享服务"课程体系主要构建思路为"理实一体化"课程体系，涵盖理论及案例研究、财务共享中心建设沙盘模拟、财务共享服务软件实际操作、财务共享体验中心仿真模拟四块内容。这四块内容既相互联系构成一门完整的课程，又能独自开课单独教学。

（四）财务共享服务理论与案例学习

这部分的学习主要帮助学生建立对财务共享服务理论的认知，掌握应用分析的理论框架。

具体授课内容包括：财务共享服务发展应用现状；企业为什么要建设财务共享

中心；什么样的企业适合建设财务共享中心；不同类型企业的财务共享中心有什么特点；如何建设财务共享中心；财务共享中心建设需要重点考虑的要素；财务共享中心的建设路径和实施方法；财务共享中心的运营管理；企业共享中心建设案例分析等。

（五）财务共享中心建设沙盘模拟

财务共享沙盘模拟实验部分是课程中极具特色的部分，该模拟实验教学的目的是帮助学生更好地理解并应用财务共享服务理论，通过分工分组、角色扮演、沙盘推演等实际场景教学，应用所学理论知识来共同讨论，设计给定案例背景环境下的财务共享中心的规划和建设方案。沙盘模拟实验能充分调动学生的学习积极性和主动性，除了有助于培养学生的主动思考分析能力，更能培养学生的团队意识及沟通交流能力。

（六）财务共享服务专用教学软件

浪潮研发了财务共享服务软件教学版，重点学习财务共享服务的功能，并依据给定的部分数据实际操作。通过查看与分析财务共享软件展现的数据，一方面可以掌握财务共享中心的主要功能与作用，另一方面可以提升财务管理的水平，全面掌握财务共享中心运营的信息支撑系统。

（七）财务共享体验中心仿真模拟

高校可以按照企业共享中心的建设实际搭建仿真模拟环境，根据既定的角色设置及脚本设计，使学生分岗位在较真实的办公环境去体验财务共享中心的业务运作，真正了解实际的财务共享中心，从而培养学生处理企业实务的能力，以及更加鲜活地掌握财务共享中心的管理流程、工作形式及内容、特殊工作设备等。

高校还应加强实践教学，培养创新能力。设置财务管理大专业、专业实习、学年论文、会计模拟实验等，将课题性实验、综合性课程设计和学生参与科学研究实践在教学计划中予以落实。针对目前有相当一部分实践教学流于形式的问题，需要三方面的共同努力：一是要努力提高学校和学生的认识；二是要努力提高工作单位的社会责任；三是加强财政部门的支持，利用其影响力促进学校与单位建立人才实践培训基地，为学生提供实习平台。

实训课程设置的具体内容包括财务共享沙盘模拟实验课程和财务共享软件教学两个方面。

1.财务共享沙盘模拟

浪潮财务共享中心建设沙盘是国内首款具有独立知识产权的财务共享沙盘产品，该沙盘产品包括沙盘盘面、沙盘工具箱、沙盘模拟配套教程等。

从目前大多数已经完成或正在建设财务共享中心的企业来看，建设过程中所考虑的主要因素包括：建设模式、实施策略、组织、人员、办公选址、业务范围、信息系统、运营管理等。这些要素在财务共享沙盘中均有所包含，并在盘面三个区域内进行展现。沙盘盘面构成主要包括：战略与政策规划中心、共享业务规划中心和运营与技术规划中心。战略与政策规划中心划分为建设目标、建设结构、职能定位、建设策略、建设原则、建设结构示意图等子区域。共享业务规划中心划分为四个业务区域，可针对企业财务共享中心建设中最常见的费用报销业务、薪资发放业务、应收业务、应付业务进行共享后的业务流程及管理制度梳理。每个业务区域均包括业务场景和制度内容，其中业务场景包括业务流转对应的具体岗位、业务操作内容和实物单据。运营与技术规划中心划分为基础环境及设备、信息系统、运营管理制度三个子区域。

财务共享沙盘模拟实验课程是借助沙盘教具，展现出企业建设财务共享中心的主要流程，是将财务共享中心建设时考虑的主要因素、业务流程梳理、运营管理等相关内容制作成实物模型，按照一定的操作规则，模拟企业建设财务共享中心的过程。实验课程中，每组学员组成企业财务共享中心筹建小组，分别扮演集团财务部部长、业务专家、信息化专家等岗位角色，使学生身临其境，真实体验财务共享中心的筹建及运营的主要流程。

财务共享沙盘模拟实验具有体验性和综合性的特征，可以充分调动学员学习的参与性和主动性，期望通过课程可以达到六个目标：第一，帮助学员更好地理解并应用财务共享理论；第二，教导学员分析建设财务共享中心的关键影响要素；第三，让学员学会分析建设财务共享中心的关键影响因素；第四，让学员掌握建设财务共享的框架和要素；第五，掌握建设财务共享中心的路径和方法；第六，学会制定财务共享中心的建设规划。

教学准备：财务共享沙盘模拟实验课程主要以沙盘教具为载体，一般包括沙盘盘面和沙盘工具。同时配合沙盘模拟企业背景、业务流程现状等内容，完成财务共享中心建设的沙盘模拟任务。沙盘模拟需要较大的桌子用于摆放沙盘盘面及沙盘工具，便于学员进行集中讨论制定方案和完成相关资料的填写。

教学计划：考虑到各院校或者各个培训机构的专业教学大纲和课程设置方面的差异，本实验课程主要分为两种不同的情形：情形一，配合财务共享理论课程开设的沙盘模拟实验课程，不需要对理论知识进行单独授课；情形二，单设财务共享沙盘模拟课程，可在实验过程中，抽取部分学时进行理论讲解。

教学步骤：财务共享沙盘模拟实验教学过程中，可将学员分成不同小组，每个小组6~8人，小组成员分别扮演企业财务共享中心筹建小组的不同岗位角色，共同讨论确定财务共享中心建设方案。每个小组在沙盘盘面上的相应区域完成方案讨论、方案设计、展示和报告任务。

具体模拟过程中,战略与政策规划中心模拟包含三部分,分别是选项工具摆放、手工描绘和数据计算。选项工具摆放这项工作主要包括建设目标、建设结构、职能定位、建设策略、建设原则、选址因素、选址地点、内部组织规划方法、共享中心人数测算方法。按照小组讨论结果,可选取已有的选项工具在沙盘盘面位置进行摆放,或通过在空白选项工具上填写创新性内容的方式进行摆放。手工描绘主要包括建设结构示意图和内部组织结构示意图。在建设结构和内部组织划分方法确认后,需要在这两个对应空白选项工具上手工描绘出架构示意图。此外,共享中心人数需要测算,并在空白选项工具上手工填写具体数字进行摆放。

共享业务规划中心模拟包括费用报销、应收核算及收款结算、应付核算及付款结算、工资四类业务,均从制度内容、业务场景(操作岗位、业务操作内容、实物单据)两个方面进行规划统一。可按三步来完成:第一步,差异分析。学员需要分析四类业务在各子公司的现有管理制度和流程是否存在差异,并总结存在的差异点,在差异分析表中简单总结差异内容。差异分析表是学院在沙盘模拟过程中,用于整理分析案例公司各不同业务在管理制度或流程方面存在的差异。第二步,制度内容规划模拟。差异内容总结完毕后,学员需要了解企业期望通过财务共享中心建设达成的业务管理目标是什么,依据此目标确认需要统一的管理制度内容有哪些,并可选取已有的选项工具在沙盘盘面对应位置进行摆放,或通过在空白选项工具填写创新性内容的方式进行摆放。第三步,业务场景规划模拟。学员需要了解企业期望通过财务共享中心建设达成的业务管理目标是什么,依据此目标确认共享后的业务流程是什么,并可选取已有的选项工具在沙盘盘面对应位置进行摆放,或通过在空白选项工具上填写创新性内容的方式进行摆放。业务场景模拟完成后,对于需要纳入共享中心的操作岗位,在其上摆放小红旗代表即可。

财务沙盘模拟的最后一部分,运营与技术规划中心模拟主要包括:基础环境及设备、信息系统和运营管理制度。学员需要依据已经规划确认的战略与政策内容、共享业务内容,确定建设财务共享中心需要的基础环境及设备、信息系统及财务共享中心建设后需要遵循的运营管理制度。按照小组讨论结果,可选取已有的选项工具在沙盘盘面对应位置进行摆放,或通过在空白选项工具上填写创新性内容的方式进行摆放。

在模拟完成后,以小组为单位,由每组学员对本组的沙盘模拟结果进行随堂展示,对沙盘盘面的每个环节进行讲解说明,由教师随堂对每组学员展示的沙盘模拟实验结果进行点评，并进行评分，作为总成绩中沙盘呈现的分数；同时，对每组学员沙盘模拟过程中存在的问题或知识点进行总结分析。沙盘模拟实验总结报告在学员完成了财务共享中心的建设规划方案之后进行，是沙盘模拟实验的最后阶段。总结报告将对小组进行的包括建设战略和政策规划、费用报销业务、工资业务、应收业务、应付业务、运营和技术规划等所有实验任务及其预期建设效果进行总结。学员需要以小组为单位整理总结报告，并提交给教师。

2. 财务共享软件实验课程

此外，企业数字转型、智能化发展，使财务共享趋向流程自动化和柔性化，因此，财务共享软件实验课程对于人才培养不可或缺。以浪潮 GS 企业管理软件为平台，给学院提供一套模拟企业建设财务共享的基础数据、业务数据和运营管理信息，学员以个人为单位或分成小组，按照既定的操作流程完成财务共享相关的基础数据设置、业务及组织规划、共享业务处理、运营分析等实验操作。在实验课程中，讲师针对每堂课的实验主题，讲解其相关的知识点、软件操作流程和操作方法。学员可以扮演系统管理员、业务员、运营管理人员等岗位角色，登录浪潮 GS 软件，真实体验不同岗位角色的财务共享相关操作流程。课程主要内容包括：浪潮 GS 客户端安装部署及财务共享中心软件应用介绍、财务共享初始化设置、四类不同业务在财务共享系统中的工作流程、财务共享任务质量管理、共享中心运营分析、报表统计分析等。

该课程可以单独开课，也可以配合财务共享沙盘模拟实验课程开课。在沙盘课程的基础上，配合软件教学，能够更好地巩固学员所掌握的知识，并提升学员在信息系统中实践的能力，期望通过课程，达到三个学习目标：了解企业建设财务共享中心需要规划的基础数据内容及操作方法；了解纳入财务共享后业务处理的操作流程及操作方法；了解财务共享中心建设完成后，企业运营管理及分析的主要内容。

本课程建议采用上机考核的方式评定学员掌握软件的能力。实验教学是教学体系中的重要环节，实验动手能力是学员终身受益的基本功，提高学员实际动手操作能力，也是这门课程开设的核心目标。实验课的考核对提升学员软件学习的效果起着决定性的作用，通过上机考核，可以有效激发学员学习的积极性、主动性和创新精神，可以科学合理地评定学员实际的动手能力。

综上所述，财务共享专业课程建设任重而道远。对于课程的建设，要本着求真务实、与时俱进的原则进行规划，依托"互联网+"的时代背景，将知识的传授转化为对学生综合能力的培养，并贯穿在课堂教学中，为培养符合社会所需的会计人才作出应有的贡献。

第三节　财务共享服务教育与认证体系

在财务认证体系领域，除了传统的 CPA、ACA、ACCA 等会计资格认证，随着管理会计的不断深化，CMA、CGMA 等越来越受到财会界的重视。财务共享的出现，不仅推动了教育的变革，也促使一些原本存在的认证体系增加新的考核内容，与时俱进。

一、管理会计领域认证体系

财务共享服务教育越来越强调管理会计的重要性，因此管理会计的一些相关证书也应该纳入共享教育的领域。

（一）CMA 认证体系

CMA 管理会计在企业运营中发挥着越来越重要的作用，实现了财务创造价值的巨大转变。管理会计的预测职能，通过对宏观环境的预测分析、对企业内部产能的预测分析、对企业利润与成本的预测分析，不断指导企业实际业务往前发展，让企业的持续发展变成了可控、健康的进程。管理会计在财务共享服务中也越来越重要，因此现代财务人员不仅需要掌握基础的核算会计，也需要具备相应的管理会计知识，培养管理思想，这样才能在财务共享时代不被淘汰。

目前，已经存在的管理会计培训和认证体系包括 CIMA、CMA 等。其中，美国注册管理会计师 CMA 的认证体系在全球内的认可度相对较高。CMA 是美国管理会计师协会设立的专业资格，全球 130 个国家认可，被认为是世界 500 强企业的黄金敲门砖。CMA 客观地评估了学员在管理会计及财务管理方面的相关工作经验、教育背景、专业知识、实践技能、职业道德规范，以及持续学习发展的能力。CMA 认证能帮助持证者职业发展，保持高水准的职业道德要求，站在财务战略咨询师的角度进行企业分析决策，推动企业业绩发展，并在企业战略决策过程中担任重要角色。

要参加 CMA 考试，必须先申请成为 IMA 普通会员。对于中国考生，可以通过 IMA 授权的中国培训机构申请入会。

举办机构：IMA 在全世界共有会员约 68 000 人，主要分布在美国、加拿大及世界经济发达国家。CMA 是美国两个最主要、最权威的会计师资格之一，也是全球最权威的会计资格之一，作为国际上的会计准则和管理标准，CMA 在全球很多国家都受到了认可，在中国由中国教育部考试中心组织进行考试。

对于考试资格，具备教育部认证的全日制三年大专学历或者经过教育部认可的学士或者更高的硕士、博士学位的，都可以申请参加 CMA 考试，报考门槛并不高。考试形式采用计算机闭卷考，全球的考试标准都一样。CMA 考试科目有两门，一门是财务报告、规划、绩效和控制（Financial Planning, Performance and Control），出题内容和比重包含外部财务报告决策（External Financial Reporting Decisions, 15%）、计划预算和预测（Planned budget and forecast, 20%）、业绩管理（Performance Management, 20%）、成本管理（Cost Management, 20%）、内部控制（Internal Controls, 15%）；另一门是财务决策（Financial Decision Making），出题内容和比重包含财务报表分析（Financial Statement Analysis, 25%）、公司财务（Corporate Finance, 20%）、决策分析（Decision Analysis, 20%）、风险管理（Risk Management, 10%）、投资决策（Investment Decisions, 15%），以及职业道德（Professional Ethics, 10%）。每门考试时长均为 4 小时。

通过 CMA 考试后，需要取得两年管理会计实务工作经验，才能获得 CMA 资格。实务经验的认定范围包含：财务分析、预算编制、管理信息系统分析、在政府或企业界级管理会计或审计工作、管理顾问、担任管理会计相关科目的教师等。两年实务经验，可在考试前取得，或在通过 CMA 考试后七年内取得。取得 CMA 资格后，需维持 IMA 会员资格，并符合持续进修的规定，才能继续保有 CMA 的资格。

（二）CIMA 认证体系

总部位于伦敦的 CIMA 皇家特许管理会计师公会和总部位于纽约的美国注册会计师协会（AICPA）对外宣布，双方各自的理事会已经审议通过双方的合作计划——组建世界最大的会计师组织并推广一个新的全球性会计资格证书，该新证书命名为全球特许管理会计师（Chartered Global Management Accountant, CGMA），新证书将标志着持证人在管理会计、绩效管理、企业战略等方面的卓越能力。

全球特许管理会计师的推出，旨在全球范围内推广、提升管理会计这个财务与战略结合的职业。CGMA 头衔就是代表着拥有高超的财务技能和管理技能的复合型人才，凭借 AICPA 和 CIMA 这两大全球最负盛名的会计组织所享有的资源与声誉，CGMA 得到了全球范围的公认。

CIMA 是全球最大的管理会计师组织，AICPA 是全球最大的职业会计师组织，会员遍及财务与会计的各种岗位。双方组建的新组织将拥有 55 万名会员与学员，成为目前全球最大的会计师组织。凭借 AICPA 在北美的实力和 CIMA 在欧洲、中东、非洲及亚太地区的影响力，将有助于提高管理会计在美国的业界地位，并有利于管理会计在全球范围内的推广。

二、财务共享领域认证体系

（一）ACCA 认证体系

越来越多的企业开始通过共享服务外包来提高服务质量，降低成本和提高效率。作为一种高速发展的财务模式，共享服务已经成为财务转型中一个重要的组成部分。目前，全球在该行业已有超过 75 万名财会工作者。借助全球共享服务领域的迅猛发展势头，ACCA 适时听取首席财务官及企业的需求，推出 ACCA 全球共享服务证书，帮助有志从事共享服务的人士拓展职业机遇。

在该证书中国首发仪式上，ACCA 财务运营执行总监郑孟德说："全球共享服务已不仅仅是用于提高各职能部门合作效率的手段，它是企业在共享服务管理方面的一个基本转变。采用全球共享服务模式，将使财会部门被释放出来承担更高层级的任务，从而创造更高的价值。因此，ACCA 认为是时候引领变革，通过提供全新的资格认证来帮助企业培养高效的团队，实现财务转型。"郑孟德还表示，全球共享服务模式超越了企业的传统部门，它的有效实施通常取决于企业是否从一开始便建立了有效的领导结构，而且需要来自整个企业，包括董事会、首席执行官和首席运行官的支持。

（二）全球共享服务证书

一直以来，ACCA 通过其专业资格、大量的调研项目，以及与企业和政府机构的合作，为共享服务行业的发展提供支持。在现有资源的基础上，ACCA 针对共享服务领域专门设计了三类全新的专业资格证书。

全球共享服务基础证书：该证书包含独立的在线评估课程，涵盖全球共享服务企业员工所需要的基础知识与技能。

全球共享服务证书：该证书包含基础证书的五个模块和 ACCA 资格课程中相关的财务和管理会计知识。它能够有效提升员工的财务专业技能，以便胜任更有挑战的角色。

全球共享服务高级证书：该证书更注重在高级财务管理、管理会计和绩效管理方面来提高员工的共享服务高端专业技能，顺利完成全球共享服务证书，不仅能帮助企业员工获得共享服务工作所需的专业知识，还将为他们进一步学习 ACCA 资格课程，成为技能全面的财务管理人才打下坚实的基础。

ACCA认为，财会专业人士在共享服务和外包领域的发展中，将会在全球各地面对无穷的职业机遇。目前在中国，很多城市已经成为主要的共享中心。成都天府软件园作为国家服务外包基地城市示范区，已建成29个财务共享中心。自2012年ACCA与天府软件园签订合作备忘录以来，双方共同为园区企业财务共享服务的发展和国际人才需求提供支持。

2017年6月21日，ACCA（特许公认会计师公会）与中兴财务云在上海联合宣布推出首个全球共享服务证书中文版，由中兴财务提供独家学术支持，实现中文课程学习和考试认证，推动共享服务在中国的发展，浪潮也将为此作出自己的贡献。

GBS全球共享服务中文版课程定位于中国的集团企业与高等院校，以及共享服务或外包服务的相关从业人员，中文版课程将更易于中国财会人员学习与理解，同时能够为学员提供共享服务必备的知识储备，并提高学员的相关从业能力。ACCA在2016年推出了共享服务行业的人才培养认证体系——全球共享服务（GBS）证书，旨在将战略前瞻思维和高超专业技能相结合，培养塑造全球商业未来的现代专业会计师。证书配套的培训课程涵盖了共享中心员工需要具备的全方位知识，能够帮助企业完善培训体系，加速全球共享服务进程。

第五章 智能时代财务组织与模式变革

第一节 智能时代财务组织的简化

财务组织如同生物一样，有着自身发展和进化的规律。在不同的历史时期，财务组织是与当时的社会、经济及技术环境相匹配的。时至今日，财务组织的发展已经进入了与智能化时代环境相适配的时期。对于"80后"的笔者来说，说实话，谈论组织进化史这样的话题有点儿压力。事实上，对于2000年以前的财务演变，笔者是没有经历过的，只能根据历史信息检索及和老财务们的沟通作出大致的判断。而2000年后的二十年时间，是笔者亲身感受并参与其中的，在此做一些浅显的提炼，姑且称作"极简财务进化史"。

我国的财务发展可以从中华人民共和国成立后开始谈起。应该说，在几十年的历程中，财务整体还是在发生着改变的，这种改变也是和整个中国社会的进步相匹配的。我们不妨把这个进化历程划分为几个阶段：入门阶段（财会一体阶段）、初级阶段（专业分离阶段）、中级阶段（战略、专业、共享、业财四分离阶段）、高级阶段（外延扩展阶段）。如同社会的发展一样，第一个阶段历时漫长，而后续几个阶段则在短短的时间内陡然加速，实现迅猛的发展。让我们逐一说起。

一、入门阶段：财会一体阶段

从中华人民共和国成立到20世纪70年代末，大约三十年的时间，财务与会计并没有那么显著的分离，即所谓的财会一体。事实上，在这个过程中，会计对处于计划经济时期的中国来说是更为重要的。而在这个阶段，财务管理实际上更多的是服务于内部控制和成本管理。一方面，要保证不出现经济问题，需要针对资金和资产的安全投入必要的管理；另一方面，需要从降低成本上获取管理业绩。事实上，在这个阶段，有不少企业的成本管理都还是有可圈可点之处的。在入门阶段，财务管理更多地被视作会计的一个构成分支。

二、初级阶段：专业分离阶段

所谓合久必分，经历了近三十年的财会一体后，随着改革开放的到来，企业的经营目标发生了很大改变。随着市场经济得到确立，企业更多地关注于自身的经营结果，也就是怎么赚钱的事情。在这个背景下，财务的地位发生了一些改变，从一个单纯"管家婆"的身份，转变为一个对内能当好家，对外能做参谋的新身份。

同时，财务组织也发生了变化，一个典型的特征是在20世纪80年代的十年中，财务管理作为一门独立的学科被分离出来，而企业中也逐渐完成了财务管理部和会计部的分设。这样的好处是专业的人做专业的事情。在财务管理范畴中也逐步涵盖了越来越多的东西，如预算管理、成本管理、绩效管理等，会计则涵盖了核算、报告、税务等内容。在后期，另一个专业领域也被不少大公司分离出来，即资金管理。你可以看到很多企业在财务管理部和会计部以外都设置了资金部。

从上面的变化可以看到，基于专业的分离趋势在财务组织中开始出现，我们把这个阶段叫作专业分离阶段，如图5-1所示。

图 5-1 专业分离阶段

三、中级阶段：战略、专业、共享、业财四分离阶段

从20世纪90年代开始到2015年这个阶段，是财务领域快速创新、积极变革的阶段，所以说这个阶段还是很有技术含量的。实际上，战略、专业、共享、业财四分离这个概念最早是咨询公司从国外引入并流行起来的。如图5-2所示，财务组织有两个三角形的变化，左边的正三角形里基础作业比重很大，右边的倒三角形里管理支持比重很大。正是在这种思想的引导下，国内很多企业开展了财务共享服务中心及业财一体化的建设。而这两大工程带来的直接影响就是基础作业分离到了财务共享服务中心，业务财务队伍成为财务组织的一个很重要的配置。

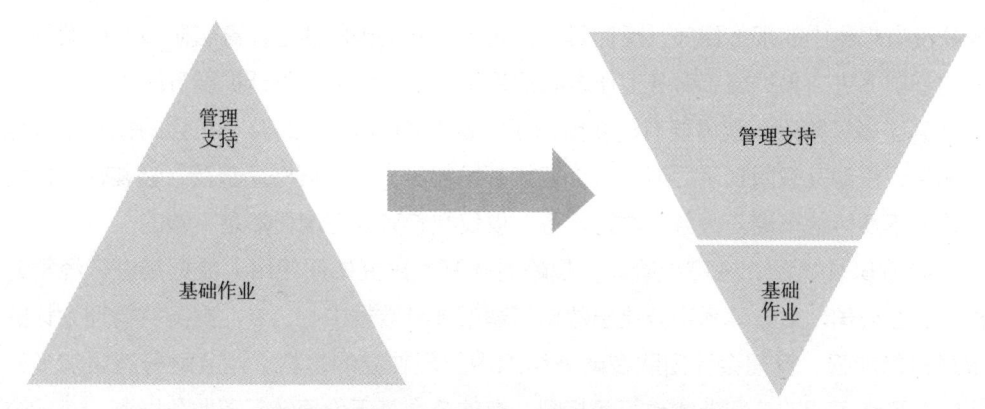

图 5-2　传统阶段到四分离阶段的职能转变

在市面上流行的说法中还有一个三分离的概念，这个概念没有将专业财务与战略财务分离，统称为战略财务。但根据笔者的管理咨询工作实践，战略财务和专业财务还是有一定的差异性的，分离后更为清晰。战略财务主要聚焦集团或总部的经营分析、考核、预算、成本管理等领域，专业财务则聚焦会计报告、税务、资金等内容。财务共享是会计运营的大工厂，而业务财务则是承接战略财务和专业财务在业务部门落地的地面部队。

如图 5-3 所示，战略、专业、共享、业财四分离的出现使财务的格局上升了一个层次。应该说，目前国内大中型企业的财务建设基本上都是按着这种模式来的，并且取得了不错的成效。

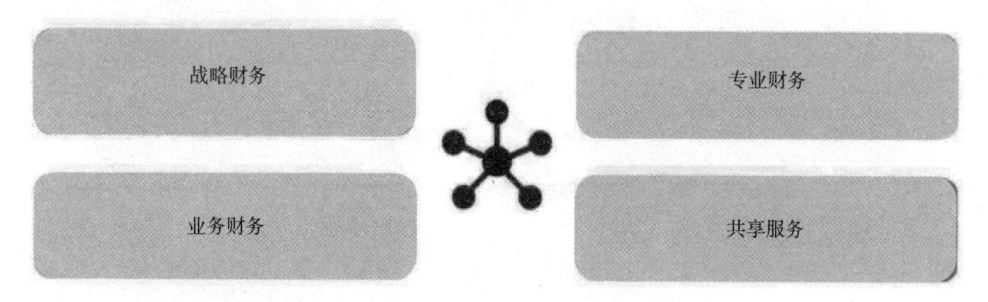

图 5-3　战略、专业、共享、业财四分离阶段

四、高级阶段：外延扩展阶段

高级阶段的财务组织说起来就是发展到一定阶段，闲不住了，就开始"折腾"起来，这也是与当下技术与概念日新月异的社会环境相匹配的。从这个角度来看，财务

人并没有想象中的那么保守，反而具有一定的自我突破的决心。高级阶段在前面四分离的基础上进一步扩展了财务工作内涵的外延，笔者称之为外延扩展阶段。

到了高级阶段，就需要有创新能力了。从 2016 年开始，整个社会的技术进步也在加速，移动互联网到了后期，人工智能开始起步，大数据概念普及，套装软件厂商开始迫不及待地布局云服务。作为财务，仅仅抱着旁观态度显然是不够的。

如图 5-4 所示，在高级阶段，战略财务开始研究如何使用大数据来进行经营分析，有些公司在财务体系中分化出数据管理部或者数据中心。专业财务对管理会计的重视日趋加强，管理会计团队在财务组织中出现独立的趋势。业务财务就更加多元化，并且在不同的公司做法也不尽相同，有的公司基于价值链配置业务财务，有的公司则基于渠道配置业务财务。而财务共享服务中心在步入成熟期后，开始向深度服务或对外服务转型，如构建企业商旅服务中心，承接服务外包业务，提供数据支持服务等，同时基于机器作业的智能化应用也在财务共享服务中心出现。而另一项工作——财务信息化，在财务组织中也日趋重要，少数企业已经成立独立的财务信息化部门。随着智能时代的到来，财务信息化部门进一步演化出财务智能化团队，负责推动整个财务组织在智能化道路上前行。

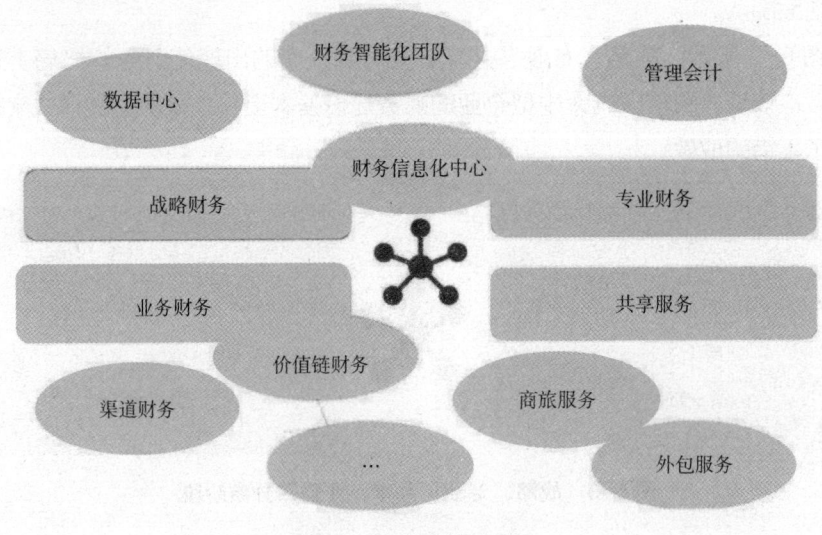

图 5-4　外延扩展阶段

从组织形态上说，原先的层级性组织正出现矩阵式、网状或柔性组织的特征，不少企业要求财务团队既要专业，又要有极强的可扩展性，从而应对企业在发展过程中对人力多样化、差异化的需求。

第五章 智能时代财务组织与模式变革

第二节 智能时代财务管理策略

当财务组织的发展进入到高级阶段后,需要面对更为复杂的灵活性及更为迫切的创新需求。传统的财务组织应对这一特点会面临极大的压力。即将谈到的柔性财务管理正是为此准备的,我们来看看它是什么,又将怎样影响和改变财务的现行管理模式。

在智能时代财务管理的新逻辑思维中,笔者谈到了财务的刚与柔。传统的财务管理是一种刚性管理模式,而智能时代的财务管理需要具有更多的柔性。首先让我们来深入理解什么是管理的"刚与柔",然后再来谈谈应该从哪些方面构建财务管理的柔性。

一、深入理解管理的"刚与柔"

从字面上理解"刚"与"柔"并不困难。对于"刚"的概念,最具代表性的当属泰勒的科学管理理论,这套理论不少大学的管理学课程都有过介绍。泰勒的科学管理思想包括作业管理、组织管理和管理哲学三个核心内容。其中,作业管理强调的是如何通过科学的工作方法、培训方法和激励方法来提升劳动生产率。在电影《摩登时代》中,卓别林所饰演的工人在采用刚性的科学管理模式的工厂中进行流水线作业,几乎成为生产线上的一颗螺丝钉。而在组织管理中则区分计划和执行职能,提出了职能管理的概念;在管理哲学中强调科学管理带来的心理革命。随后很多管理思想的发展都延续了科学管理中至刚的风格。

当然,传统管理的刚性并不局限在科学管理这一个领域,在现实的管理工作中到处都有刚性的影子。比如,组织中森严的管理层级、制度中可能隐藏的简单粗暴、流程中缺少变通的执行方式、信息系统中难以改变的架构等,这些都无时无刻不在影响着企业的发展。而在财务领域,这种刚性的影响同样不可小觑。

当然,我们不能简单地去否定刚性,在过去的管理阶段中,刚性管理有其存在的自身价值。我们要做的是研究这些刚性的度是否合适,是否会过刚而折。如果到了折断的临界点,就应当适当地引入柔性,达到刚柔相济。

那么,柔性管理又是怎样的呢?笔者的理解是,柔性管理和行为科学体系是一脉相承的。霍桑实验是行为科学体系建立的重要实验基础,在这个实验中,人们发现员工可能并不是泰勒所假设的"经济人",而是"社会人"。这个观点的转变,彻底将泰勒把人当作机器的管理思想转向了关注人的主观能动性。

同样，柔性管理的概念也不仅仅是关注对人的管理模式的改变，而是体现了一种敏捷、弹性、可扩展的精神，可以广泛地应用在战略管理、组织管理、绩效管理、团队和人员管理、信息系统、流程管理、运营管理等多个方面。"上善若水，水善利万物而不争"，姑且把这当作柔性管理的一种境界吧！

安应民在《企业柔性管理——获取竞争优势的工具》中说："从本质上来说，柔性管理是一种对'稳定和变化'同时进行管理的新战略，它以思维方式从线性到非线性的转变为前提，强调管理跳跃和变化、速度和反应、灵敏与弹性，它注重平等和尊重、创造和直觉、主动和企业精神、远见和价值控制，它依据信息共享、虚拟整合、竞争性合作、差异性互补等实现知识由隐到显的转换，为企业创造与获取竞争优势。"[1]可以看到，这是对柔性管理的一种较为感性的理解。

二、智能时代财务为何且如何实现柔性管理

当我们了解了柔性管理的概念后，不禁思考，在智能时代到来的大背景下，财务应当实现怎样的柔性管理呢？如图 5-5 所示，我们从多个方面来看一看柔性财务管理。

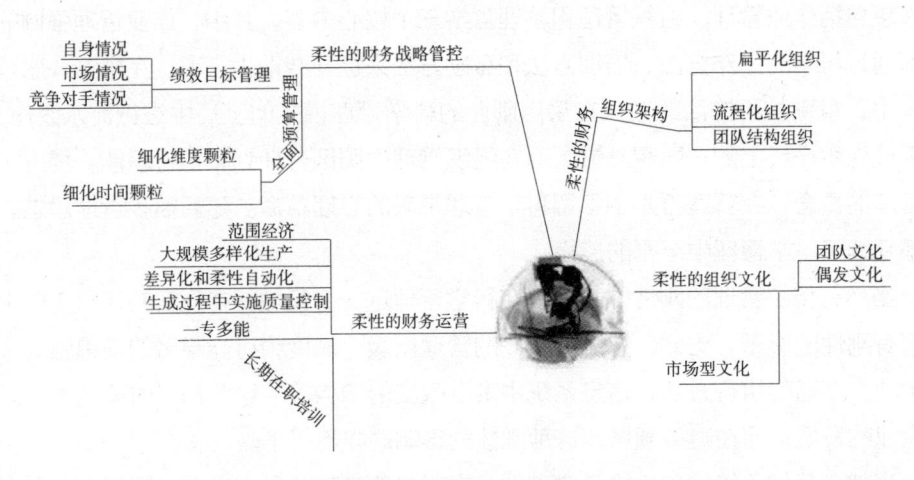

图 5-5 柔性财务管理

谈到财务管理，在非常长的时期内，大家似乎都更愿意使用刚性思维来对待。一方面，财务本身在不断进行所谓严谨、管控、规则化的自我暗示；另一方面，财务人员长期以来就生活在各种条条框框里，从准则到各类监管制度，以及发票、单证，环境中充斥着刚性的氛围，可以说是一种过刚的状态。而这种状态会逐渐束缚财务人员

---

[1] 安应民.企业柔性管理——获取竞争优势的工具[M].北京：人民出版社，2008：78.

的创造力，并且在今天商业环境已经改变、商业模式日新月异的情况下渐感难以适应。

智能时代的到来，释放出要求财务进行自我改变的强烈信号，同时给我们创造了一个改变的机会。人工智能将帮助我们越来越多地完成原本需要"刚性"生产完成的工作，如财务审核、会计核算、资金结算等，而财务人员精力的释放将帮助我们有机会去重新构建创造能力和柔性管理的能力。

（一）柔性的财务组织架构

传统的财务组织通常是层次化的树状组织形式。如图 5-6 所示，通常在最顶层设有集团财务总监，下设几个专业部门，部门下再设相关科室，到了下属的业务单元或者子公司，又有业务单元或者子公司的总部财务，同样对口集团再设置相应的专业部门，再往下到了分支机构，视机构大小设置数量不等的财务相关部门，但具体岗位也是向上匹配的。这种组织配置方式就带有典型的"刚性"。

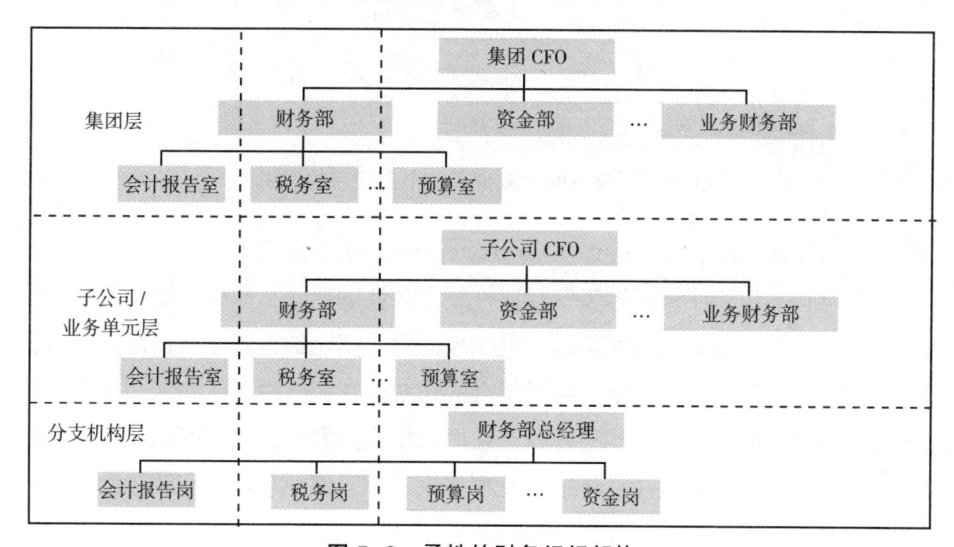

图 5-6 柔性的财务组织架构

采用这种组织形式的好处是能够在条线上快速地完成指令的下达，并在某个专业领域产生高效的上下协同作用。但采用这种模式最大的弊端是横向协作困难，并会对变革和创新产生比较大的组织阻力。形象地看，这种模式也被称为"烟囱式"的财务组织架构。此外，还存在另一种刚性。尽管我们说横向协同有问题，但在任何一个层级又有其统一的负责人（CFO 或者财务经理），这些横向负责人又会造成跨层级之间的协同出现问题，使原本垂直的刚性管理又遇到横向的钢板。而财务负责人对其横向业务领导紧密的汇报关系更加剧了这种横向钢板带来的阻力。

因此，在组织体系中建立柔性，打破横纵钢板交织的牢笼，将带来更大的管理价值。那么，如何打造柔性组织呢？在笔者看来，可以针对以下几个可能性展开探讨。

1. 尝试扁平化的组织形态

对于财务来说，往往在一个法人主体上会产生多个管理层级，比如链条"CFO—财务各部门总经理—部门副总经理—室经理—员工"已经产生了五个管理层级。适度的扁平化可以考虑简化一些层级，从而提升组织的运转效率。每多一个管理层级，就会多一层纵向之间的钢板夹层。从提升效率的角度出发，这种去钢板的变革应当自下而上地进行，应当适度增加中高层的管理跨度。如图5-7所示，在这个例子中，虽然保留了室经理的专业级别和待遇，但员工直接受副总经理管理，从而简化了管理职责，有利于提高整个组织的管理柔性。

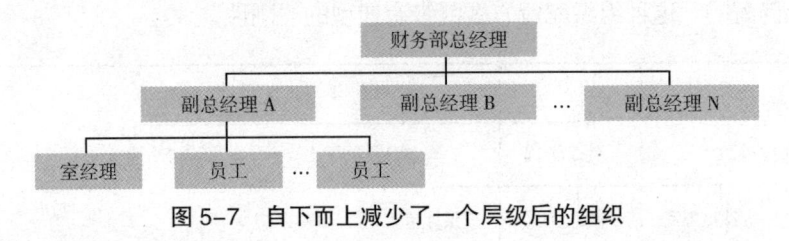

图5-7 自下而上减少了一个层级后的组织

2. 积极应用团队结构（Team-Based Structure）的组织

在团队结构的组织中灵活地设置暂时性或永久性的团队，这样的组织形态可以改善横向关系，并且可以有效地解决横、纵钢板问题。团队的设置可以是横向组合，也可以是纵向组合，甚至可以是横纵共同组合的形式。在团队中可以纳入一个或多个管理者来共同解决问题。团队结构的好处是在面对重大问题的时候，可以让部门的局部利益让步于整体利益。团队往往还结合着项目来进行工作，项目化团队在柔性管理中有着重要的价值。

3. 探索流程型的组织

对于财务工作来说，从流程角度出发也能够带来组织的柔性创新，并借助流程的穿透能力打破组织的刚性壁垒。流程型的组织在财务共享服务中心的应用中最为常见，但笔者仍然建议扩大流程型组织的适用范围，比如将共享服务的流程向端到端进行拓展，将经营分析、预算管理、成本管理、税务管理等非共享运营类流程引入流程型组织中。

（二）柔性的财务组织文化

在财务组织的文化建设方面可以考虑引入柔性管理的思想，从而加强团队文化的包容性和灵活性。组织文化大致可以分为团队文化、偶发文化、市场文化和层级文化。

对于传统的财务组织来说，应更多地注重层级文化的建设。这种组织文化往往对稳定性和控制性的要求显著高于对灵活性的要求。这也是与财务组织长期以来的稳健特征相吻合的。

如上所说，我们有必要建立适当的组织文化柔性，而团队文化、偶发文化和市场文化都更具有柔性的特征，如图 5-8 所示。可以在财务组织中适当地增加这三种文化的比重。当然，保持必要的层级文化也是符合财务管理特点的。

图 5-8 适合柔性管理的三种组织文化

1. 团队文化

这种文化类型下的组织类似于一个家庭，团队文化鼓励家庭成员之间相互合作，通过共识和相互传递正向能量，带动组织凝聚力的提升，从而发挥出更好的组织效用。对财务来说，这种文化往往可以在一些关键时刻去建立，如在年报期间、财务系统建设期间都很容易构建起这样的团队文化。

2. 偶发文化

这是一种注重灵活性的冒险文化，强调的是创造力的构建，以及对外部环境变化的快速响应。它鼓励员工尝试使用新方法甚至冒险去完成工作。这种文化在部分财务领域并不适合，如会计核算、报告、税务、资金结算等，这些追求安全性的领域并不能让冒险文化成为主导。但是在一些需要突破创新的领域，如创新型财务流程和系统的建立、融资等领域还是需要具备一定的创新能力的。因此，偶发文化可以作为财务组织文化的补充。

3. 市场文化

这是一种鼓励内部竞争的文化，它对效益的关注超出了对员工满意度的重视，这种文化形态更像一种商业行为。对于财务领域来说，财务共享服务中心最容易形成这样的文化氛围。适度的市场文化在标准化的财务作业领域能够有效地提高员工的工作效率，这也是我们前面所谈到的另一种刚性，不宜过度，否则将在财务共享运营层面造成过于刚性的影响。反而在非财务共享领域,更需要加强对市场文化的引入,以驱动财务管理人员爆发出更强的战斗力和狼性。

从以上分析可以看到,未来柔性的财务组织文化应当在层级文化的基础上更多地引入团队文化和市场文化,并将偶发文化作为必要的补充,形成丰富、立体的柔性财务组织文化体系。

(三) 柔性的财务战略管控

柔性管理在财务领域的另一个应用是财务的战略管控。谈到战略管控,不少公司的做法是通过协商后制定战略目标,但一旦制定后就很少进行动态调整,造成了战略管控的刚性。而在预算管理上也存在类似问题,预算缺乏灵活的调整,难以适应市场环境的变化,带来资源配置的刚性。因此,柔性的财务战略管控可以从绩效目标管理和全面预算管理两个视角来提升其管理柔性。

首先是绩效目标管理。在传统的目标管理中,财务部门主要根据公司战略进行目标设定、下达及跟踪考核。在这个过程中,目标需经过管理层、业务单位及财务的沟通协商后进行制定,但往往季度、半年甚至全年都不进行调整,同时目标的制定往往只关注于自身进步,以财务目标为中心,可以将这种模式简单地归纳为仅仅和自己比。这是一种带有刚性色彩的目标管理。

在柔性管理思想下,对目标的制定和考核应当更多地关注其他的维度,除了和自己比以外,还需要考虑和市场比及和竞争对手比。通常,要设置具有挑战性的目标,可以考虑要求业务部门的绩效超出市场的平均水平,并且超出主要竞争对手的水平。当然,这是针对在行业中本身位于第一梯队的公司来说的,不同梯队的财务可以设定差异化的目标,但核心在于视角的打开和柔性化。另外,目标设定后不能一成不变,应当在全年中不断调整,不仅仅是固定时间节点的调整,市场中重大事件的发生、竞争格局或竞争环境的突然改变等也都应当进行即时调整。在目标管理上,应当兼顾财务目标与非财务目标,并具有更为主动的战略敏感性。

其次是全面预算管理。传统的全面预算管理往往以年度为周期,基于年度循环来进行资源配置。部分公司将年度预算简单地除以12分配到每个月中。在资源配置的过程中,往往也并不适用于全面的预算编制动因,使预算编制结果与业务实际缺乏关联性。而在预算编制完成后,又较少展开预算调整,使预算和实际情况的偏离越来越严重。

在柔性管理模式下,资源配置应当具备更加细化的时间颗粒和维度颗粒,充分考虑到不同时间周期内业务经营的实际特点,进行差异化资源配置,同时结合更多的业务实际，向作业预算的方向进行深化和努力。当然，柔性资源配置的背后还有成本和效率的约束。在当前相对刚性的资源配置模式下，很多公司的预算要到3月或4月才能完成，而且在编制过程中沟通成本高昂。向柔性管理的进一步迈进可能增加更多的成本。

（四）柔性的财务共享运营

传统的财务共享服务运营模式是典型的以制度为中介，对人的行为和组织的目标进行约束匹配的模式。这种运营模式更多的是一种刚性思维。对于刚性运营来说，需要有稳定、统一及可以预测的业务需求。同时，在业务加工过程中，以规模经济为基础，进行同类业务的大批量作业，强调统一性和标准化，在作业完成后要进行质量测试。财务共享服务中心的员工仅需完成单一作业，在管理中要求尽量减少工作差异，没有或者很少进行在职培训。

可以看到，刚性运营能够享受规模效应、效率提升带来的成本优势。但在实践中，越来越多的企业管理者对财务共享服务中心的要求在不断提高，他们希望财务共享服务中心能够有更多的灵活性，能够应对更为多样和复杂的业务场景。而这本身也是财务共享服务中心的管理者所不断追求的。

如表5-1所示，对柔性运营思维的应用，能够很好地应对日益提高的管理要求。在柔性运营模式下，需求可以具有不确定性、多样性和不可预测性。在运营过程中，柔性运营以范围经济为基础，进行大批量多样化生产，解决差异性和柔性的自动化处理。质量控制方式将从事后测试向前期过程中的质量环境建设和质量控制转变。对员工来说，需要从原来的一专一能转变为一专多能，当业务需求发生变化时，能够灵活地进行资源调配。

表5-1 刚性运营与柔性运营的对比

	刚性运营	柔性运营
市场情况	需求的稳定性、统一性和可预测性	需求的不稳定性、多样性、不可预测性
生产过程	以规模经济为基础	以范围经济为基础
	同类产品大批量生产	大规模多样化生产
	统一性和标准化	差异化和柔性自动化

续 表

	刚性运营	柔性运营
生产过程	生产结束后进行质量测试	在生产过程中实施质量控制
	劳动力完成单一任务	工人完成多种工作，专业化程度高
	减少工作差异，没有或很少有在职培训	长期在职培训

财务共享服务中心的刚性是与生俱来的，也是不可或缺的，这是其安身立命之本。但财务共享服务中心的管理者必须意识到未来的趋势是刚柔并济的，柔性运营的思维和能力已经到了启动建设的时候。直观地说，刚性思维是一套直线式的生产线，而柔性思维模式则允许我们在这条直线上将差异件分流处理，同时允许员工在生产线上进行多流程环节处理，通过组织的柔性、技术的柔性、流程的柔性带来财务运营的多种可能。

（五）柔性的财务信息系统

对于财务管理来说，还有非常重要的一点，就是需要将财务信息系统的刚性束缚打破，构建柔性的财务信息系统。

由于中国的信息化发展历程过于迅速，对于很多公司来说，在还没有看明白的时候，技术已经更新，管理又出现了新的要求，财务信息化的建设都是在不断打补丁的过程中完成的。这样的系统建设路径使多数公司的财务信息系统缺少规划，也根本谈不上柔性。对于这些公司来说，一个很大的问题就在于当业务需求发生改变时，现有的信息系统调整困难，甚至存在大量复杂的后台业务逻辑无人清楚，使新需求可能带来的影响无人能够清晰评估，并最终导致系统无法改动。

因此，在这种情况下，财务信息系统的刚性具有极大的危害性。要改变这种局面事实上并不容易，需要从以下几个方面共同努力。

首先，改变信息系统建设的观念和节奏，从打补丁的建设方式改变为先做规划和架构设计再开工建设。有些公司在系统建设的前期舍不得投入资金展开规划设计，导致产生高昂的后期返工和维护成本。在柔性管理思路下，建议在系统建设前期充分调研需求，多看市场成熟产品，必要时引入专业人士或者咨询公司来进行架构和需求设计，打好地基的投入看起来是刚性，但最终是给未来带来更多的柔性。

其次，在财务信息系统的架构设计中应当充分考虑产品化的思路。有的公司认为业务没那么复杂，没必要搞所谓的产品化、可配置化，IT人员只要用代码把规则写出来，流程跑通就可以。但实际情况是，这些公司从一开始就给自己戴上了沉重的刚性枷锁。有不少公司实际上都是在自己也没有想到的情况下快速发展膨胀起来的,这个时候除了推倒重来,真的很难找到更好的方法。当然,对于一些初创型公司来说,如果自身没有充足的资金进行复杂的系统开发和建设,不妨考虑选择第三方产品,甚至是云计算产品,在低成本模式下保留自身的柔性。

对于那些已经带上刚性枷锁的公司来说,这条路已经走得很远了,要想改变并不容易。找到合适的时机,对系统进行一次全面的再造是由刚入柔的可能方式。这种契机往往出现在公司经营业绩很好,能够投入充足预算的时期,如果结合技术的大发展、大进步,则更容易实现柔性管理。

我们在上述内容中讨论了管理的"刚与柔",并探讨了财务需要考虑引入柔性管理思想的五种场景。在智能时代,适度加强企业的柔性管理能力有益于企业的健康。而最佳的境界是做到刚柔并济,发挥刚与柔的和谐之美。

第三节　智能时代的财务团队

正如先前在财务组织的极简进化史中所谈到的,财务组织在进化到高级阶段后,会进入外延扩展状态。在这一阶段中,财务组织演化出复杂多样的形态,这也顺应了在柔性管理思想下对财务组织柔性化的要求。下面我们谈一谈面向未来的智能化时代,财务组织的一种可能的外延扩展形态——财务智能化团队。

一、我们的方向正确吗

智能时代对财务组织最大的影响就在于减少了对简单作业的需求,加强了对创新和复杂设计能力的依赖。当然,当我们谈到这里的时候,很容易引发道德争议。在网络舆论中,有不少人担心智能时代的机器会取代人的工作,这对社会来说是进步还是退步?

为了回答这个问题,我们不妨看一下经济学中涉及的破窗理论,也称为"破窗谬论"。这个理论源于学者黑兹利特在一本小册子中的譬喻(也有人认为这一理论是19世纪法国经济学家巴斯夏在其著作《看得见的与看不见的》中提出的)。黑兹利特说,假如一个孩子打破了窗户,必将导致窗户的主人去更换玻璃,这样就会使安装玻璃的人和生产玻璃的人开工,从而推动社会就业。

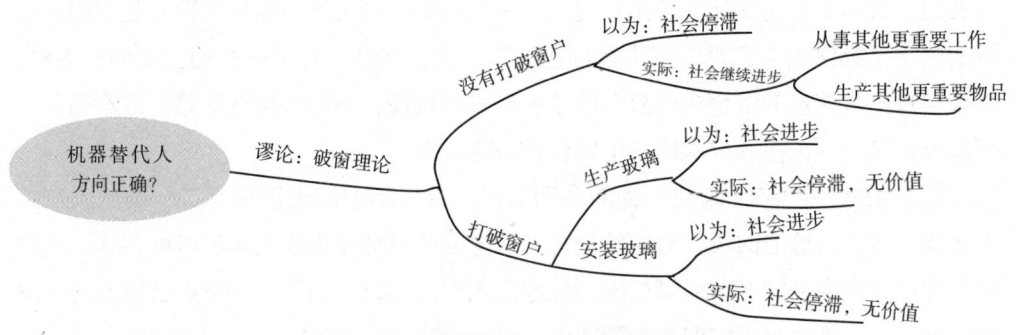

图 5-9 "机器代替人"破窗理论演示

如图 5-9 所示，从这个例子中能够看到，担心机器取代人工的人，实际上是支持用落后的工具来进行生产，如同让孩子持续砸窗户，从而推动社会就业。而事实上，如果避免了自然灾害、人为破坏，那么节约下来的时间、物质资源和劳动力完全可以用在生产其他更重要的东西上，这样社会生活会更加富足。维持落后的工具，担心机器取代人工，实际上是牺牲了创造潜在价值的可能。说到这里，我们对智能时代财务组织将减少简单作业、增加复杂设计的方向性判断就更加明确了。

二、构建财务智能化团队

智能时代如何减少简单作业的事情，我们会在后续智能时代如何影响财务的新技术的章节中再讲。在这里，我们要谈一谈如何通过组织设计来增强财务复杂设计能力的问题。而在智能时代，增强财务复杂设计能力的核心在于财务智能化团队的建立，这也是我们在这里要谈论的主题。

（一）财务智能化团队的定义

首先，要对财务智能化团队做一个定义。为什么用"团队"这个词，而不是"部门"之类的呢？从笔者的角度来说，更希望这样的一个组织是基于柔性理念设置的，能够具有敏捷快速的响应能力，具备更加高效的资源组织能力、创新、协作能力等，所以用"团队"而不是"部门"能够更加贴近笔者所期待的能力需求。

在财务智能化的定义中，对智能化的概念会有不同的理解。如图 5-10 所示，第一种理解是用智能工具来武装自己，使组织的工作效能得以提升。第二种理解是组织中的工作被人工智能所替代，整个组织的工作内容已经没有人的干预，组织成为智能作业组织。第三种理解是需要一个组织，能够基于智能化的理念，帮助其他组织达到前面两种理解的目的，即智能化团队是用来帮助他人实现智能辅助工作或推动机器替代人工的。这里我们所谈论的是第三种理解下的智能化团队的概念。

理解一	应用智能工具武装自己
理解二	应用智能机器作业取代人工作业
理解三	构建智能化团队帮助他人实现智能辅助工作,或推动机器替代人工

图 5-10　财务对智能化的三种理解

笔者给智能化团队加上"财务"限定词,是为了说明这个团队的服务对象是财务领域,而非其他领域,同时财务智能化团队的组织设置也在财务组织内部。

基于以上理解,我们就能够给财务智能化团队下一个定义:财务智能化团队是在企业财务组织内部,基于智能化理念、人工智能理论和方法及创新思维,推动财务组织中其他职能使用智能化工具提高效率、质量或者用人工智能取代人工作业的组织。

(二)财务智能化团队员工画像

在有了定义后,下一个问题是:财务智能化团队的成员需要有怎样的素质特征呢?从定义来看,这个团队生来就和其他团队不一样,担负着武装群众或者解放群众的历史重任。因此,这样的团队必须要具备一些独特性。

1. 游走在财务与科技之间

对于财务智能化团队来说,需要具备复合的知识体系。一方面,需要具有丰富的财务管理知识,具备管理者的战略视角,能够从全局对财务管理的工作模式和业务流程作出深入思考;另一方面,需要对智能化技术有充分的认识,清晰地认识到智能技术能够做到什么,以及如何与财务管理的场景相结合。同时,类似于现在财务信息化团队中业务需求分析人员的工作,财务智能化团队同样需要具备将业务需求转换为智能化技术实现方案的能力。

2. 创新是一种本能

由于智能时代新技术层出不穷,如何将这些新技术与财务管理的场景进行关联成为关键问题。很多时候,人们知道新技术是什么,也知道财务管理在做什么,但就是说不清楚新技术能够帮助财务管理做到什么。就像云计算、大数据、区块链等,太多的人在讲它们有多么好,但就是很难讲清楚财务可以用它们来干什么。这个问题的背后缺少的就是创新。因此,对于财务智能化团队来说,创新要成为其工作和生活中融入的本能。只有这样,才能够敏锐地洞察智能时代财务创新的机会。

3. 胆大心细能推动

对于财务智能化团队来说，在未来相当长的一段时间内，都将致力于改变现在财务管理的固化习惯。无论是让人们接受新的技术工具，还是让人工智能替代人工作业，这背后都需要强大的魄力和推动力。财务智能化团队的成员需要胆大心细，敢于挑战权威和惯性，同时需要懂得沟通协调的艺术，能够在变革的过程中获得各利益相关方的认可，从而形成推动力。

4. 人少精干有柔情

财务智能化团队的人数并不需要很多，对于整个财务组织来说，这个团队一定是一个小众群体，它将是一把利剑。对于这样的团队来说，每个成员都要能够保持充分的活跃度和能动性。同时，整个组织需要具有高度的柔性，能够随时拆分或组合，既可以随时投入到微创新中，也可以随时投入到攻坚战中。财务智能化团队是一支富有变化性和战斗力的队伍，是未来财务组织中的特战队。

说到这里，我们已经知道，财务智能化团队需要具有财务和技术复合知识、敢创新、能推动、善变化、有战斗力的财务人。

（三）财务智能化团队的组织设计

那么，我们又该如何去构建这样的一个财务智能化团队呢？我们首先从组织设计的角度来谈一谈财务智能化团队的几个关键问题。

1. 财务智能化团队的核心职责

财务智能化团队的核心职责主要有四点：第一，负责财务组织对智能化技术的战略性研究，能够积极主动地跟踪新技术动态，深入挖掘财务管理领域应用新兴智能化技术的可行场景，并制定实现路径；第二，能够有效地与IT部门对接，明确智能化应用场景的业务需求，推进并跟踪IT部门实现智能化业务需求；第三，推动已实现的智能化技术工具在财务管理实际工作中的应用，提升相关场景业务团队的工作效能；第四，积极推动人工智能技术对财务业务流程中人工作业环节的替代，提升流程的自动化处理能力。

2. 财务智能化团队的管控关系

财务智能化团队是财务组织内设机构，鉴于其在组织中需要有多方面的沟通协调能力及极强的推动要求，可以考虑将该团队的直接汇报对象设定为CFO或分管信息化建设的财务总经理。同时，赋予该团队较强的组织协调权力，以支持其推动变革项目，如项目资源调动的权力、对项目参与方进行考核的权力等。另外，财务智能化团队也需要和外围各方财务组织及科技部门保持紧密的协作关系。

3. 财务智能化团队的组织架构

作为一个柔性组织，财务智能化团队只需要有一个负责人和多个智能化财务经理，如图 5-11 所示。每个智能化财务经理都可以成为项目负责人或者其他项目的成员，但团队应当遵循项目经理负责制，赋予项目经理充分的资源调配权和项目管理权。而整个团队的负责人需要负责团队整体的方向和人员管理，能够对每个项目起到有效的辅导和监督作用。

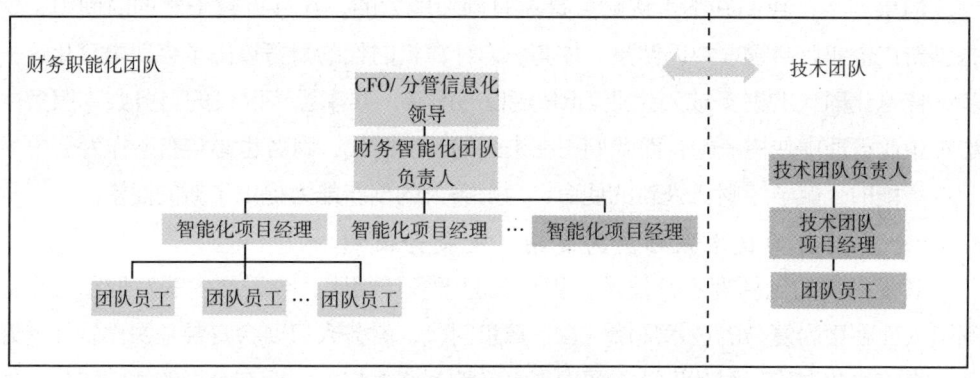

图 5-11　财务智能化团队组织与管控、协同关系

在明确了组织设计内容后，财务智能化团队的建设方向会逐渐清晰起来。作为一个有前瞻性思想的财务领导者，应当尽早启动对新技术的关注，以技术驱动财务管理升级。因此，能够较早地在财务组织内部设立财务智能化团队，会是很好的起点。随后，需要积极地引入富有创造力和综合能力的优秀人才，逐渐使团队的构建丰满。

财务智能化团队的建立会比其他财务组织的构建更富有挑战性，用有开拓性的领导力集聚创新技术人才，是团队成功构建的关键！

第四节　智能时代的财务创新

当社会经济发展到今天这个阶段时，创新已经成为企业发展的核心驱动力。很多公司已经将创新作为企业战略的重要组成部分。国内外最顶尖的企业中新增了一个重要职位——首席创新官（Chief Innovation Officer, CIO）。这个职位和首席财务官、首席技术官等处于同一层级。在这里，我们不是谈企业的首席创新官，而是来看一看财务如何创新，如何让整个财务组织形成创新的生态环境，并有机会让每个财务人都能够成为首席财务创新官。

一、智能时代财务创新的使命

对于财务来说，创新并不是一件容易的事情，看看会计发展史就知道了。长期以来，社会强行赋予了我们"严谨务实"的标签，以积极的态度去理解，这是对财务工作的认可；而从另一个角度来看，也体现出财务和创新相悖的一面。

但事实上，我们并不否认财务是具有创新能力的。在最近数十年的时间里，财务创新在企业后台管理中仍然是一抹亮彩。计算机时代的财务迈出了会计电算化这一步，信息化时代的财务成为企业 ERP 建设的前锋，共享经济时代的财务共享服务中心在企业管理中独树一帜，而我们正在进入的智能时代，财务也必将有所作为。

智能时代赋予了财务人新的使命，对财务人的创新能力提出了新的要求。

（一）创新的技术基础更为复杂，也更为便利

智能时代的创新离不开技术，和过去的十多年相比，今天技术的发展和进步让财务人面临更为复杂的技术环境。在计算机时代，财务人只要会安装并操作软件就好了，在信息化时代，财务人还需要懂得一定的互联网技术。而在今天的智能时代，如果要把技术与业务场景深度融合，财务人需要懂的事情就更复杂了，无论是大数据、云计算，还是机器学习、区块链，没一件事情是简单的。在这样的一个复杂环境中来进行创新，就必须要对技术有深刻的理解。

与此同时，技术的获得又是便利的。例如，"某某云"能够让开发人员用较低的成本构建一个机器学习的开发实验环境，财务人只要稍微努力，去亲身体验和感受这些技术的实现过程也不难。从这一点来说，技术进步带来的是更多的便利性。

（二）创新的时效性要求更高

智能时代的技术变化是高速的，并且遵从一定的演进路径。因此，在这样的技术节奏中，创新的时效性就显得尤为重要。如果创新的时间周期较长，往往一项新技术还没来得及得到深度的实践应用，就已经沦为"明日黄花"了。而跳跃技术阶段的创新又蕴含着较大的风险，导致一步慢、步步慢，最终在智能时代的创新竞争中失利。因此，智能时代的财务创新必须遵循唯快不破的基本逻辑。

（三）创新必须要和场景深度融合

智能时代商业创新的本质是场景创新。一个缺乏业务应用场景的创新是没有市场和生命力的。实际上，技术的普及和平民化是一件容易的事情，但将技术与实际需求相结合，并形成有意义和有价值的应用场景就没那么容易了。对于财务来说，在接触

到一个新的技术概念后，不应该着急地去全面展开基础建设，而应当客观、务实地深入挖掘应用场景，然后再来看如何把技术应用到场景中。这个时候，在技术层面所投入的建设资源将更具有针对性，能够获得更高的产出。

二、智能时代财务创新需要怎样的生态环境

尽管在智能时代财务创新被赋予更高的使命，但要使财务能够从真正意义上实现管理创新，还必须要营造出一个适合创新的生态环境。这样的一个生态环境需要多方面的因素来共同打造，包括战略、文化、组织、技术等。

（一）公司战略的一致性

财务创新要想活下来，第一个要点就是与公司战略保持一致，南辕北辙的创新终究会面对消亡的结局。对于财务来说，我们所做的事情并不是孤立的，必须要与公司的发展战略相匹配。设想，一个坚定走手工打造战略的企业推动财务智能化成功的概率，必定远低于一个将人工智能作为公司核心战略的企业。所谓顺势而为，就是这样的道理。站在风口上，财务创新必然可以迎风飞翔。因此，一个与财务创新方向匹配的公司战略是财务创新生态环境的基础。

（二）鼓励创新的文化氛围

当财务创新与公司战略相一致时，说明我们做了对的事情，但要想作出成果，还需要有一个鼓励创新的文化氛围。在通常情况下，这种氛围在技术部门或者市场部门都较容易形成，但在财务部门往往存在一定的难度。

鼓励创新不是停留在口头上的一句空话，作为财务管理者，应当对作出创新贡献的员工给予积极的鼓励。

生产线上的员工如果作出创新贡献，会根据其为公司带来的成本节约比例进行奖励兑现，因此不乏因创新而获得高达数百万元人民币奖金的员工出现。对于财务来说，我们很难要求管理者去承诺如此丰厚的物质奖励，但恰当的精神奖励和年度考核评价也会营造出有效的创新氛围。

（三）适合财务创新的组织模式

适合财务创新的组织模式也是创新生态环境的重要组成部分。传统的财务组织模式对创新是不利的，部门之间的壁垒让全局性的跨部门创新难以实现。我们在柔性财务管理部分所谈到的柔性组织，设计一个层级简单、项目化、敏捷、柔性的财务组织，对于构建创新生态环境具有极其重要的意义。

（四）对财务创新的试错包容

创新生态中的重要一环是技术，在创新过程中，很多新技术流程都需要经过实验的验证。在创新型企业中，往往对试错给予了极大的包容性，甚至很多时候鼓励试错，从中获取成功的种子。因此，好的创新生态应当具有技术试验环境，让大家在不断的尝试中找到正确答案。对于试错包容，海尔是一个不错的例子。在海尔的逻辑中，未来的商业创新具有极大的不确定性，对于一个企业来说，不妨营造一个万马奔腾的局面，最终总有那么几匹马能够跑到成功的终点。很多风险投资也是这样的，并不在于你投对了什么，而在于你错过了什么。

三、财务创新的失败

谈了创新的方法，再来谈谈创新的失败。很多时候，知道为何失败比知道如何成功更有价值。财务创新的失败说起来并不复杂，下面说说创新失败的五种场景。

（一）目标不清晰带来创新失败

很多时候，财务创新并不是在建立了清晰的目标蓝图后开始的，而是看别人做了，自己也就跟着做了，但做到半路可能都还不知道自己为什么在做这件事情。罗永浩在其专栏"干货日记"中曾经谈到不适合创业的场景，和我们这里讲的事情很相似。没有清晰的目标，无论是创业还是创新都存在极大的失败风险。结合前面所讲的，所谓清晰的目标其实可以理解为有价值的应用场景，有了场景，也就有了目标。

（二）技术不到位带来创新失败

在财务创新项目中夭折在技术不给力上的案例太多了。很多企业财务在抛出一个创新想法的时候并没有充分评估自身的技术能力，想当然地认为自己的技术部门能够实现其构想，而一旦真正运作起来，技术环节掉链子，让整个创新项目停滞，或者错过最佳的实现时机。因此，在财务启动创新项目时，充分评估技术资源、锁定必要的技术资源都是至关重要的。必要的时候，引入外部资源或购买产品，拿来主义有时候是更加直接、有效的手段。

（三）创新周期过长的创新失败

前面说了智能时代的创新有时效性的要求，很多创新项目就是因为周期过长而失败的。当一个项目的时间周期过长时，无论是项目的推动方还是关联方都经受不起漫长的时间磨损。随着时间的推移，很多被早期激情所掩盖的矛盾就会爆发出来。那么，以多长时间作为容忍的底线呢？经验告诉我们，这个时间周期最好不要超过18

个月，否则项目的失败风险将会急剧上升。控制项目的时间周期，是财务创新者规避失败的一个简单、有效的方法。

（四）安于现状的创新失败

很多时候，性格是我们的软肋。有不少财务创新者在意气风发地战斗了一次，获得了一次成功的创新实践后，就会陷入安于现状的陷阱。这个时候，他们忘记了创新是相对的，随着时间的推移，创新已不再新，越来越多的新进入者会使用、模仿、超越，将你的竞争优势瞬间瓦解。安于现状，是曾经的创新成功者的另一次创新失败。对于财务创新者来说，持续突破自我，实现创新循环，才有可能走得更远。

（五）变革阻力下的创新失败

最后要谈的一种创新失败源自变革阻力。对于一些需要触动业务部门利益的财务创新来说，变革总是伴随着创新过程的。财务作为企业的后台部门，在推动剧烈变革的时候往往会面对极大的阻力和自身的心理压力。一旦内心不够强大，就会倒在创新的道路上。变革的阻力会给创新者带来绝望期，绝望期的深度代表绝望的程度，宽度代表绝望的时间，财务创新者应当积极营造良好的变革氛围，通过积极主动的沟通和获取管理层支持来减少绝望期的深度和宽度。

财务创新的成功建立在事先预判失败的基础上，当充分认识到创新失败的场景并有所应对时，创新将不再是一件困难的事情。

四、人人都是首席财务创新官

对于财务来说，培养团队的创新能力并不是一件容易的事情，作为创新的领导者，需要有一颗坚持和包容的心，悉心营造良好的创新生态环境，培育团队的创新文化和员工的创新意识。通过一系列微创新项目树立财务人对创新的信心，并收获创新成功的经验。

第六章 智能时代财务创新实践

第一节 智能时代战略财务创新

一、智能时代战略财务框架详解及智能增强

智能时代战略财务管理的各项工作内容都会受到新技术的影响,包括直接的技术影响,以及智能技术改变整个社会、经济形态后带来的间接影响。在这里,我们基于CFO基础能力框架进行详细讲解,并进一步谈一谈战略财务在智能时代会发生怎样的改变。

(一) 战略与业务

1. 框架详解

战略与业务框架详解,如表 6-1 所示。

表 6-1 战略与业务框架详解

项 目	说 明
战略解读	能够深度理解公司战略目标,并清晰、准确地解读公司管理层达成的战略共识,预判公司战略将对整个企业带来的影响
财务与战略配合	能够将财务管理与公司战略目标的达成路径相匹配,明确公司战略目标对财务资源的需求及对财务管理的要求,实现财务工作对战略的有效配合与支持
公司资源及计划的管理参与	深度参与到公司经营计划的制订与管理过程中,能够站在财务视角评价业务部门经营计划设置的合理性,使经营计划与财务能力更加匹配

续 表

项 目	说 明
财务资源配置管理	能够根据战略目标的达成路径与经营计划，有效地进行资源配置管理，对资源的投向和投入产出效率、效果进行管理
与业务单元的沟通	能够站在一定的战略高度上展开财务与业务部门的对话，通过充分的沟通建立业财的协同能力

2. 智能增强

智能时代的到来将对企业的经营产生重大影响，各行各业在这个过程中都或多或少会被智能化所改变。或许你所在的企业会成为智能服务的提供商，或者成为智能技术研发的参与者，也可能在当前的业务模式中引入智能化工具，创新商业模式，提升竞争力。无论如何，智能化对企业未来的经营将会产生重要影响。部分公司会在战略层面进行调整，也有一些公司会进行战术层面的适配。

战略财务要能够敏锐地跟上企业战略和经营变化的步伐，主动对公司的战略或战术改变提供支持，而非被动响应。在这场智能化变革中，战略财务的积极参与能够让我们赢得主动，更好地体现财务对公司战略和经营决策支持的价值。被动响应将使财务无法与业务站在同一对话层次上，从而导致业务部门自行构建或弥补战略财务能力的不足。这一现象在信息化时代已经有大量的案例，但愿历史不会重现。

（二）财会控制机制

1. 框架详解

财会控制机制框架详解，如表 6-2 所示。

表 6-2 财会控制机制框架详解

项 目	说 明
财务与会计制度管理	完善的财务与会计制度体系是企业财会控制机制的基础，企业需要建立多层次的、立体的科学制度体系框架，建立制度发布、修订、废止的完整管理循环和管理机制
内部控制	建立内部控制体系，基于内部控制框架展开相关管理工作，关注控制流程的完整性、控制措施的有效性等问题。从财务视角更多地关注财务组织、制度、流程、信息系统相关领域的内控体系建设
内部审计与稽核	以财务制度及合规要求为依据，采用多种手段获取审计与稽核线索，展开相关的线索调查，发现风险事件或案件，取证形成结论后，并给予相应的纪律处理

2. 智能增强

首先，智能化对财务的影响是全面的。因此，财务的管理模式、流程体系、系统支持方式都会发生一定的改变。作为财务管理的支持保障，财务制度体系也必然受到影响。在制度体系层面，应当结合智能化对财务系统、流程带来的影响进行必要的完善和调整。

其次，内部控制方式会因智能化发生改变。智能技术能够加强内部控制能力，可以在内部控制体系中引入更多的智能化工具，更重要的是因为智能化的到来，内部控制环境会发生重大改变，更多的财务管理工作将基于大数据、人工智能的模式，对这些看不见的流程或财务管理工作如何实施内部控制，将成为新的课题。

而对于内部审计与稽核来说，智能化的影响最直接。在智能时代，人工智能将取代大量的财务操作人力，依靠算法的机器处理将取代依靠人的行为的业务处理，审计的范畴将从传统的审计向算法审计和IT审计转变。而在审计和稽核的手段上，基于大数据的远程稽核将成为主流模式。同时，企业依靠大数据监控，能够更早地发现风险线索，由传统审计与事后追责向事前预防转变。

（三）价值管理

1. 框架详解

价值管理框架详解，如表6-3所示。

表6-3 价值管理框架详解

项　目	说　明
产权管理	能够从产权建立、变动、退出的各个环节对产权进行全过程管理，建立清晰的产权地图，通过对产权的优化来实现对财务报告、风险管理、融资能力等各方面的优化
营运资本管理	能够对企业经营过程中的流动资产与流动负债进行管理，从而合理地确定营运资金量，在满足经营需求的情况下，合理地节约营运资金，提高资金周转率，保障短期偿债能力
现金流量管理	能够以现金流量作为管理的重心，兼顾收益，围绕企业经营活动、投资活动和筹资活动构建现金管理体系，对当前或未来一定时期内的现金流动，在数量和时间安排方面进行预测与计划、执行与控制、信息传递与报告及分析与评价
经济附加值管理	能够在清晰计量债务成本和股本成本的基础上计算经济附加值，公司每年创造的经济增加值等于税后净营业利润与全部资本成本之间的差额。在企业绩效评价中引入经济附加值，更加客观地反映企业的价值创造能力。能够驱动管理者关注利润创造过程中的资本投入成本，提升资本使用效率

第六章　智能时代财务创新实践

续　表

项　目	说　明
新业务价值管理	对于特定行业，如寿险行业会高度关注新业务价值，在考核中引入新业务价值管理，能够更好地反映寿险业务的长期性特征，更好地避免管理层短期行为和代理问题，更好地驱动长期资源配置和战略决策方向
并购价值管理	能够帮助企业在并购过程中清晰地评估并购企业价值，进行财务和税务尽职调查，通过优化资本资产结构、合理设计股利分配方案等方法，帮助企业实现并购后整体价值的提升，优化被并购企业进行财务管理的能力，提升并购价值

2. 智能增强

对于价值管理来说，大数据是智能增强的技术核心。在大数据之上辅以机器学习，能够挖掘出更多的智能增强场景。

对于产权管理来说，基于规则的初级人工智能及大数据技术能够辅助进行产权风险管理，帮助我们在风险出现的早期更加及时地识别和防范风险。

对于营运资金管理和现金流量管理来说，大数据可以帮助我们发现更多管理线索，而且大数据结合机器学习，能够为企业经营提供更强大的预测能力。经营预测更可靠，将在营运资本和现金流量预测方面带来价值。

在并购价值管理中，借助大数据的相关性分析，能够发现更多可能提升并购价值的举措线索。这些管理线索有可能在最终的并购价值创造中发挥重要作用。

（四）经营分析与绩效管理

1. 框架详解

经营分析与绩效管理框架详解，如表6-4所示。

表6-4　经营分析与绩效管理框架详解

项　目	说　明
KPI体系搭建	能够根据企业的经营目标，结合业务特点，设置有清晰导向作用的KPI（关键绩效指标）体系。KPI体系应当构建由根指标、衍生指标组成的指标树，并定义指标口径，明确指标的维度和计算方法，明确指标的目标值设定逻辑。指标体系应当有可靠的日常管理和维护机制
经营分析报告	能够提供有决策支持价值的经营分析报告，形成经营分析报告的层次化体系、报告的日常管理和归档体制，针对报告中的问题能够有效地展开深入的专题分析，形成既有广度又有深度的经营分析能力

续 表

项 目	说 明
绩效考核制度搭建及奖惩执行	构建绩效考核制度，将 KPI 和经营分析报告的运用与绩效考核形成有机整体。绩效考核体系能够与业务目标的达成紧密结合，并能够切实影响业务部门的经营行为，使其成为企业战略落地的重要驱动工具。绩效考核应与管理者的晋升、奖金等形成紧密联系
投入产出管理	能够对企业经营过程中的各类日常或项目化投入建立起投入产出的评价机制。将投入产出率作为资源投入的重要财务评价指标，建立清晰的投入产出模型，并予以执行运用
市场对标管理	能够对企业的核心经营情况展开市场对标，进行与市场同口径平均水平的对比评价，定义和识别关键竞争对手，并与竞争对手就关键经营指标进行对标。对标结果可用于 KPI 的目标值设定
重大关键项目管理	能够对重大财务投资项目进行全生命周期的专项管理，对项目的四算（概算、预算、核算、决算）及项目的投产、关键阶段的 KPI 等进行全面的财务评价和财务管理

2. 智能增强

智能化技术将对经营分析的视角和工具方法带来影响。从分析视角来说，传统经营分析所受到的数据的局限性将被打破。在大数据的基础上，能够从因果分析向相关性分析增强。由于数据的边界从企业内部延展到社会化数据，对于 KPI、经营分析报告、市场对标等职能都可能获得更加可靠的数据基础，从而对经营分析结果的可用性带来更大的帮助。

而在工具方法方面，大数据和云计算的结合应用将使经营分析获得更加灵活和丰富的分析能力。二者的结合，能够为经营分析提供更加强大的数据采集、数据捕获和数据处理能力，使经营分析的边界大大得到延展。同时，大数据的非结构化数据的处理能力能够帮助企业经营分析更好地面对市场上与企业相关的热点信息的处理，将新闻、微信、微博等社会化媒体的信息纳入经营分析的视野。

此外，人工智能技术的发展，也将使经营分析方法从经验分析向算法分析演变。这使更为复杂的分析能够得以实现。同时，基于机器学习、算法的自我优化，能够使经营分析能力实现持续的提升。

（五）全面预算管理

1. 框架详解

全面预算管理框架详解，如表 6-5 所示。

续表

表6-5 全面预算管理框架详解

项　目	说　明
经营计划管理	能够驱动业务部门在预算编制之前先进行经营计划编制，对经营计划进行审视和评价，并推动业务部门进行经营计划优化和完善
预算编制管理	在经营计划管理的基础上，联同财务与业务部门共同进行预算编制，能够根据企业的实际情况选择不同的预算编制方法和预算编制周期，支持多维度的预算编制，提供系统化的支持和灵活高效的预算调整
预算预测	能够对未来的经营情况进行预测模拟，基于拟配置的预算资源，对未来的资产负债、损益情况进行预测，并能够基于不同的资源配置进行敏感性分析。能够支持对管理口径和法人口径的预算预测
预算执行与控制管理	能够对预算的执行情况进行有效的过程管理，针对不同的预算维度实施执行控制，将预算执行结果及时地反映给预算账户管理人，并能够进行及时的预算过程执行分析。针对特定类型的预算，如项目预算等，能够提供更为复杂的执行和控制管理，如预算动支、兑现等
预算分析	能够进行多层次的预算分析，预算分析能够覆盖多维度、多时间周期。能够针对不同周期，提供事后分析和实时分析的支持，形成预算分析报告，并对预算分析异常事项展开专项分析
预算组织管理	能够建立健全预算管理组织，预算组织应该涵盖管理层与执行层、财务与业务，预算组织应当根据需要灵活地构建实体组织与虚拟组织。能够有完善的预算组织机制，涵盖职责、管控关系、架构和岗位、运作机制等
预算流程管理	能够建立完善的预算管理流程，在预算管理生命周期的不同阶段针对各项预算的相关工作建立标准业务流程，推动流程有效执行，并实施监控
预算系统管理	能够建立有效支持预算编制、预算执行控制、预算分析等预算管理工作的信息系统，实现预算编制所需要的参考数据的系统对接，实现预算执行数据的有效对接。能够建立完善、有效的预算系统管理和维护机制

2. 智能增强

首先，在经营计划、预算编制过程中，智能化技术能够发挥重要作用。由于经营计划和预算编制是资源配置的过程，因此资源配置的方向、权重是否合理是预算编制结果能否发挥价值的重要评价标准。大数据分析能够帮助验证业务部门在资源投向上所讲故事的真实性，能够展开更为清晰的资源投向和业绩达成的相关性分析，从而使财务有能力对资源配置投向进行评价。

其次，在预算预测的过程中，能够基于大数据、机器学习等方法构建更为复杂和完善的预测模型，能够展开大量复杂场景下的敏感性分析。这使预算预测的可靠性和对未来复杂不确定性的预判能力都能够得到更大的提升。而现在，让人更加期待的模拟技术正在出现，引入人工智能的虚拟商业生态系统能够让未来的预测建立在与真实社会相仿的现实模拟环境中。比如，在拟真的环境中投放广告，设置不同的预算投入，模拟用户的真实反映，评价预算的投入效果等都可以在未来的某天成为现实。

在初级人工智能阶段，预算的执行与控制能够基于所植入的更加复杂的规则来进行。在机器学习下，预算的执行与控制模型或算法能够基于所设定的控制目标，由人工智能来进行持续的完善。而在传统模式下，由于人力所限，无论是对控制规则的设计还是对控制过程的管理都被约束在一定的范围内。基于机器学习的预算执行与控制将能够提供更丰富的控制逻辑，在不同的场景下选择差异化且更合适的控制机制，实现预算的柔性管控。

二、元数据和大数据

传统的经营分析是建立在有约束的技术条件之下的，对财务人员的经营分析技术有着较高的要求，而即使信息系统能够提供支撑，在传统的财务信息化环境中，经营分析结果对业务的决策支持能力也始终存在局限性。

（一）经营分析的概念框架

1. 数据基础

对于传统经营分析或者财务分析来说，数据是基础，经营分析人员通过各种渠道获取各种各样的数据来展开分析。如果企业中已经建立了数据仓库和数据集市，那么，恭喜这些经营分析的幸运儿们，在这样的地基上盖房子还是比较靠谱的。而如果数据分散在大量独立的系统中，甚至是各层级、各类人员的 Excel 表中，那么就要小心了，你可能在用沙子打地基，盖起来的房子就可想而知了。

在经营分析体系中，要构建一个好的数据地基需要企业对数据仓库、数据集市有清晰的规划和设计，对数据的定义、标准、来源和采集有清晰的业务逻辑。当然，数据仓库和数据集市都是数据的载体，要想避免数据垃圾的产生，系统本身的数据质量需要有所保障，而这种数据质量的保障能力来自前端业务流程和信息系统的有效搭建与管理。

站在财务的角度，还必须要提到三套数据，它们是经营分析的重要数据基础。一套来自事前，我们称之为"预算"；一套来自发生后的记载，我们称之为"核算"；还有一套来自事后的深加工，我们称之为"管理会计"。将这三套数据与经营分析进行有效对接，对于提升经营分析质量有很大的帮助。

2. 指标体系

在经营分析框架中，指标体系就是房子的砖和瓦。那么，什么是指标呢？指标是一种衡量目标的单位或方法。当我们进行经营分析的时候，会围绕企业经营目标来设定一些衡量标准，通过这些衡量标准能够评价经营结果是否达到了所设定的目标，从而帮助我们进一步提升企业经营管理能力，这就是经营指标。

对于经营指标来说，美国的关键绩效指标权威专家戴维·帕门特将它进一步划分为"成果指标"和"绩效指标"。引入"成果指标"的概念，是因为许多评价指标是几个团队输入成果的总和。这些指标在衡量各个团队共同的工作效果时很有用，但不能帮助管理层准确地定位和解决问题，管理层很难准确地查明哪个团队出了成绩，哪个团队未履行职责。而绩效指标能够解决这个问题，并能更加精准地定位问题。例如，一个没有进行多维度切分的利润指标在其看来就是典型的成果指标，并没有反映为利润作出贡献的各个团队的绩效情况[1]。而在实践中，我们似乎很少进行这样的区分，往往笼统地使用关键绩效指标来进行指标体系的搭建。对于一个指标体系来说，可以引入"基础指标"和"衍生指标"的概念。基础指标是难以拆分和细分的指标，而衍生指标则是基础指标的运算组合。使用这样的概念，通过优先搭建和系统化基础指标体系，再扩展衍生指标体系，能够帮助我们快速地搭建一个复杂的指标体系。

此外，对于指标，通常会使用"指标树"的形态来进行展示。这也是构建指标之间逻辑的一种方式。我们还需要了解指标"名称""维度"及"值"的含义，这些在后面元数据的概念中再进一步解释。

3. 报表展示

当构建好经营分析的指标体系之后，就可以搭建房子的主体了，而要使这些指标对经营发生作用，仅仅是盖个毛坯房是不够的，还需要进行精装修。这个装修的过程，我们可以理解为报表构建和展示的过程。好的装修要让业主住得舒服，好的报表展示，要让管理者能够清晰、快速地抓住重点，发现问题和解决问题。

实际上，报表就是将各种指标的不同层级维度交叉组合起来进行应用的产物。因此，在搭建报表体系的时候，我们要先搞清楚业主，也就是经营管理者到底需要看到什么。在明确需求后，选取能够说明问题的指标，并匹配和管理对象相关的维度信息后进行组合展示。此外，在报表的指标组合中，我们还需要经常用到使用说明来解释指标，通过这样的方式搭建报表是靠谱的。笔者也见过不少不靠谱的经营分析报表，

---

[1] 帕门特. 关键绩效指标[M]. 北京：机械工业出版社，2012:56.

搭建的时候完全没有指标和维度的概念，也没有关注管理者的需求，这样出来的报表如果有充分的经验支持，可能还具有一定的价值，否则往往带来的则是信息垃圾。

有了报表以后，经营分析报告也就容易出具了。但必须要注意的是，简单罗列报表的报告是初级水平的报告，能够看透数字的表象，深入数字背后分析深层次的问题，才是有附加价值的报告。

4.维护机制

当我们把整个房子都收拾好了之后，还需要有一个靠谱的物业。经营分析这个房子的管理和维护并不是那么简单、容易的，无论是数据、指标的维护，还是报告的过程和归档管理，都需要有一套相对可靠的机制。

在通常情况下，企业会有经营分析部门，这个部门既有战略的味道，又有财务的意思。因此，在不同公司，这个部门的归属也并不相同，甚至还有不少发生过变迁。而在经营分析部门中，要建立起这样一套维护机制，首先需要有数据维护和管理团队来解决地基的问题，然后需要有指标管理团队来进行指标的日常增删改的维护，还需要有报表团队来进行常规报表和临时报表的编制及发布，最后还需要有绩效管理团队来深入展开经营分析，并进行绩效的考核管理。在整个过程中，无论是组织、人员、流程、制度还是系统都是不可或缺的，这些共同构成了这套体系的维护机制。

当具备了以上这些条件后，经营分析框架就能够构建起来了。实际上，今天很多从事分析工作的朋友尚未在认知上构建起这一套框架体系，这对于提升经营分析和决策支持能力会带来局限和束缚。下面我们还要在这套可以称之为既传统又主流的经营分析框架的基础上，进一步深挖经营分析的本质和未来，即元数据和大数据。

（二）元数据经营分析的本质

从定义上说，元数据可以理解为"数据的数据"。实际上，应用元数据的场景非常多，如图书馆的藏书信息卡、在线视频应用里的视频描述、网络中的网页地址等都可以用元数据来表达。元数据具有以下特点。

首先，元数据是结构化的。如何理解呢？其实在大数据时代，人们都非常热衷于谈论非结构化数据，但忽视了这些非结构化数据在技术层面是怎样被应用起来的。如我们容易理解的，一张图片是非结构化数据，但这张图片是可以被元数据这种结构化数据所描述的，这就给我们借助元数据来理解和应用非结构化数据提供了可能。

其次，元数据是与对象相关的数据。如以一张照片作为对象，那么描述这张照片的元数据与该照片具有相关性，但需要注意，潜在的用户不必先完整地认识对象的存在和特征，也就是说，可以使用盲人摸象的方式，借助元数据慢慢去了解对象。就像一张照片，我们可能第一次获得的元数据是 EXIF 信息，即从摄影的角度获取这张照片的信息，进一步我们可以了解与这张照片内容相关的其他元数据，从而从另一个角度获取照片信息。

此外，元数据不仅能够对信息对象进行描述，还能够描述资源的使用环境、管理、加工、保存、使用等方面的信息。还以照片为例，元数据可以告诉我们这是一张网络图片，存储在什么样的服务器上等信息。

最后，元数据常规定义中的"数据"是表示事务性质的符号，是进行各种统计、计算、科学研究、技术设计所依据的数值，或者说是数字化、公式化、代码化、图表化的信息。当然，我们也可以将文字理解为某种形式的编码数字。

经营分析和元数据是关键。首先，我们可以看到，构成经营分析的地基是数据，而元数据作为数据的数据，能够用结构化的方法帮助我们描述和标准化基础数据。构建数据仓库过程中的数据字典，从某种意义上讲就是元数据。清晰的数据字典，能够让我们更加有效地管理数据仓库，而从经营分析管理需求的角度来说，我们希望所有进入经营分析体系的数据都能够使用元数据进行充分的结构化描述。

其次，在砖瓦的层次——指标体系上，元数据也发挥着重要作用。如我们前面所说的，指标的结果最终会反映在数值上，针对这个数值我们用指标名称、编码、指标的维度、维度值等对这个数值（即数据）进行了描述，这种描述就是元数据。因此，我们认识到，指标体系是在经营分析层次中架构在基础数据之上的第二类重要的元数据。

最后，我们再回到经营分析的中心点——经营活动上。我们为什么要做经营分析呢？实际上是要对经营活动展开多种视角的评价，评价的标准是经营活动是否达到了我们在开展经营活动之初所设定的目标，而 KPI 正是我们多视角评价经营活动的结构化描述，也可以理解为经营活动评价的元数据。

（三）大数据与经营分析

在传统的经营分析模式下，我们需要找到用于评价经营活动的元数据，也就是指标体系与经营结果之间的关系。通常情况下，如果我们看到指标与经营结果具有显著的因果关系，那么就会把这样的指标考虑纳入关键绩效指标（KPI）中来进行管理。但问题在于，这些指标的定义和发现往往是基于经营分析及因果分析所得到的，这种逻辑上的强绑定关系具有一定的局限性。

实际上，影响经营分析结果的不仅仅是存在显著的可见因果关系的因素，还存在相关但无法解释显著因果关系的因素，这在传统模式下是难以解决的。

大数据的出现，让我们有可能打破思维能力的约束。基于大数据技术，我们能够从因果关系突破到相关关系。通过大数据分析，我们能够发现一些没有显著因果关系的因素同样对经营活动产生了显著影响，这些因素被称之为"相关性因素"。将这些因素定义为关键绩效指标，能够帮助我们实现提升经营活动成果的目的。

指标用于评价经营活动，同时有非因果关系的因素在影响这些指标，这又构成了第二层次的相关关系。我们发现原先所搭建的经营分析的元数据世界发生了延展，各个层级的元数据都有一些非因果关系，而相关的新元数据的出现，使我们能够更加真实地架构经营分析框架，并有效指导经营结果的改善。

当然，在技术层面上，财务人无须思考元数据和大数据该如何结合的问题，这样的烧脑问题还是交给工程师来解决吧！

三、大数据资源配置

在战略财务的框架下，全面预算管理一直是不容忽视的范畴，但其在企业经营管理中所发挥的作用却饱受争议。

（一）预算管理就是资源配置

预算实际上是一种对企业资源的配置方式。当股东设定了经营目标后，业务单位要达成这些经营目标就需要匹配相应的资源。如果从契约的角度来看，把预算作为一种契约，那么一方是企业的股东，另一方是企业的经营者。资源本质上属于股东，业务单位作为经营者向股东承诺经营目标，股东向经营单位承诺支持其实现经营目标所需要的资源。当然，当经营目标达成后，还有相应的绩效激励，这又是另一层次的契约关系。

因此，在企业进行预算管理的过程中，预算编制的核心是提出股东和经营单位都能够接受的资源配置方案，也就是在经营目标承诺和资源承诺上找到平衡。

那么，预算要考虑哪些资源分配的问题呢？企业经营无外乎人、财、物三件事情，资源配置也可以理解为人力配置、财务配置和资产配置。合理地配置人力、财务及资产资源，是企业战略目标得以实现的重要保障。

（二）资源配置的难题

1. 契约双方的信任问题

和所有的契约关系相似，资源配置同样要解决资源所有者和资源使用者之间的信任问题。资源所有者追求的是资源投入产出结果的最大化。因此，在投入资源时会高度关注产出的结果，并要求获得资源接收方的绩效承诺。同样，对于资源使用者来说，也需要在承诺绩效目标后获得必要且及时到位的资源支持，避免在资源不足的情况下进行经营，最后为不良绩效结果担责。当然，对于资源所有者来说，最常见的还是担心经营单位存在道德风险，比如经营者是否会通过虚构经营目标或过度承诺以获取资源满足其短期利益目标等。

2. 资源配置的标准问题

应该采用怎样的标准来进行资源配置呢？在实际的预算过程中，资源配置标准的形成并不容易，太多的因素会挑战所设定的标准。而一旦无法形成相对清晰的标准，资源配置的过程往往就会成为一个谈判的过程，很容易陷入缺少逻辑的拉锯战中。

简单的标准可以根据承诺（目标），基于比例模型直接给出资源承诺；复杂的标准则需要明确经营目标达成的各项驱动因素，并为每项因素细分动因，并最终从经营计划的角度来设立资源配置标准。

3. 资源配置的效率问题

资源配置的效率一直是企业预算管理活动中很头疼的一件事情。在预算的全过程中存在太多的博弈。很多公司从九、十月份开始启动预算编制工作，直到来年的三、四月份才能完成预算的定稿。在月度的资源配置活动中，如果缺乏高效的系统支持，很多公司根本难以做到精细化的月度资源配置管理。在这种情况下，月度预算往往成为年度预算下简单的"按月分解"。

4. 资源配置的效果检验问题

当完成资源配置后，就会从讨价还价的博弈循环进入承诺兑现的博弈循环。在这个过程中，对于管理者来说，最困难的是如何验证资源投放的效果和达成情况。尽管我们说最终的经营绩效指标能够反映出经营单位的绩效达成情况，但在过程中基于任务、项目等设立的资源配置标准往往很难立刻通过财务或数字验证其实现的效果，而此时又经常需要启动基于此次项目任务进一步延展的后续资源投入，这对管理者来说需要面对是否去进行"前款未清，借后款"的管理决策。

（三）大数据资源配置：抓热点，抓相关性

在契约双方的信任关系方面，一些公司试图通过签订绩效承诺书来保障契约关系；在资源配置标准方面，一些公司通过设定模型的方法来总结提炼预算标准；在资源配置效率方面，一些公司通过建立预算编制系统来优化编制流程；在效果检验方面，一些公司选择刚性的"以收定支"。但我们也不得不认识到，在传统方式下对资源配置管理的优化终将达到瓶颈。要实现突破，需要找到新的契机，而大数据恰恰在这一方面带来了新的机会。

智能时代财务管理转型研究

1. 热点驱动资源投放

所谓的热点驱动就是在保持经营目标相关性的前提下，哪里吸引眼球，哪里有热度，哪里需要资源，我们就将资源投放在哪里。但在传统财务模式下要做到这一点是非常困难的，如果仅仅凭借我们对市场的经验感知是很难在经营活动中进行管理决策的，而大数据技术为解决这一问题提供了新的可能。

（1）制定经营战略。首先，和传统的预算编制模式一致，在编制预算之前，必须明确企业的战略导向，这从根本上决定了要不要投放资源、在哪里投放资源和怎么投放资源。当然，在这个层面上，战略很可能是相对宏观的，它更多的是未来一段时间内大的经营方向和经营策略，我们无法直接基于公司的战略来展开更为清晰的预算，也就是资源配置工作。

（2）分析战略热点。如果要想更好地衔接战略与资源配置，就必须更清晰和细化地拆解战略，也就是形成战略热点。当然，这里所说的热点和后面要谈到的基于大数据分析的热点是有所不同的，还需要依靠企业的管理经营者对企业所设定的战略目标进行细分，从管理逻辑层面定位战略在落地时需要重点关注的目标。例如，企业将智能化发展作为核心战略时，需要在技术、产品、客户、渠道等多个方面来发现其战略热点，如在产品方面定位为无人驾驶技术，在客户方面定位为女性出行者，在渠道方面定位为自营门店等，这些热点将为后续的资源配置起到一个大方向的支撑作用。

（3）基于大数据发现经营热点。在有了战略热点后，我们仍无法有效地从管理角度进行资源配置。实际上，经营单元在战略热点明确后，就已经对需要做什么、大概需要多少资源有了一个初步的概念。很多时候，经营者就会基于这样的一个概念开始和管理层讲故事了。在传统模式下，我们通常对这样的故事只能选择"信"或"不信"。当然，如果故事中间的逻辑线索相对清晰，可能更容易获得管理者的信任，并获得资源，而如果在这个时候引入大数据分析，则可能会对传统的资源配置模式有所改变。

在被动模型下，需要经营单元基于战略热点进行经营热点的主动设计，模型要做的事情是基于企业内外部大数据，对经营热点与战略热点的关联热度进行分析。在主动模型下，以战略热点为出发点，基于内外部大数据，发现与战略热点分层次的关联市场热点，将关联度高的市场热点纳入经营热点中，也作为资源配置的对象。

（4）基于经营热点进行资源投放。通过这样主动与被动的热点分析，我们能够建立起以战略热点为圆心的经营热点辐射地图，并以这个地图的辐射半径为标尺展开资源配置，接近圆心的经营热点需要投放更多的资源。在具体确定资源投放额时，我们可以以战略热点构建资源池，将资源首先投放到战略热点资源池中；以经营热点为项目，向战略资源池申请资源。在资源申请的审批过程中，我们可以引入热度评估，优先将资源投放到高热度的项目中，从而避免发生先到先得、抢资源的情况。

（5）资源的兑现使用。所谓资源兑现，就是契约双方基于预算事项实际发生的费用。在实践中有两种兑现方式，一种是把钱先花出去，目标是否达成后续验证；另一种是用之前的存量资源先把事情干了，根据目标的达成情况再批准可以获得多少可用资源干后面的事情。实际上，这两种方式都存在一定的问题。前者建立在管理者对执行者信任的基础上，而一旦承诺的经营目标没有达成，就会损害管理者的利益；后者的根本逻辑是管理者并不信任执行者，要求其先拿自己的银子干事情，事情干成了再回来报账，这种方式对于执行者来说也并不公平。当我们引入经营热点作为资源投放依据后，信任问题得到了一定的缓解，使用第一种方式进行资源兑现就会更可行且合理。

2. 资源投向和业绩达成的相关性分析

大数据除了在预算编制阶段能够发挥重要作用，在预算分析阶段也能够有所建树。在传统预算分析下，我们很难去评价每个类似于项目经营计划、经营方案和经营结果之间的达成关系。在通常情况下，对于一个经营单元，如果它的业绩不错，超出了预先设定的考核目标，大家就会觉得它花的所有银子都是值得的；反之，如果考核目标没有达成，那么它花的所有银子可能都会受到质疑。

但实际情况是，所用掉的资源有些对经营目标起到了正贡献，有些则发生了副作用。无论最后考核结果如何，这种正负作用都是存在的，只是说谁的力量更大一些罢了。

当引入大数据来辅助预算分析后，情况可能有所改观。通过构建模型，我们可以试图建立每一个能够项目化的资源投入与经营结果之间的量化关联度指数。要做到这一点，并不是简单地做一个数学模型，而是需要将所有项目进行元数据化，同时把经营结果也元数据化，并建立起项目元数据与经营结果元数据之间的关系网络。我们需要监控这个关系网络中每一个项目发生资源投入时，通过元数据关系网络链接的经营结果发生变化的强度，并最终将这些变化强度归纳为关联度指数。

有了这样一套关联度指数，我们就能够精确评价资源投放的效果了。在这种情况下，我们能够更好地积累经验，更加有效地评价绩效，并优化未来的资源投放策略。

当然，以上关于大数据在资源配置方面的应用还停留在笔者的设想阶段，有待实践进一步验证。但无论如何，大数据时代的资源配置是有可能迈出这一步的，只是时机和力度的问题。

第二节 智能时代专业财务创新

一、智能时代专业财务框架详解及智能增强

专业财务的发展可以说是财务框架几个模块中最成熟的部分，是企业财务管理的基础。也就是说，没有战略财务、业务财务和共享服务都是可以的，但如果没有专业财务将会导致整个财务体系无法运转。当然，成熟的背后也意味着更大的提升空间。下面我们遵循和战略财务框架同样的逻辑，先对框架内容展开详细的解释，然后再对每个模块如何进行智能增强进行探讨和说明。

（一）会计与报告管理

1. 框架详解

会计与报告管理框架详解，如表6-6所示。

表6-6 会计与报告管理框架详解

项 目	说 明
会计交易处理及相关流程	这是会计的基本职能，能够基于准则要求完成会计交易的核算处理，也就是通常所说的会计核算。对于会计与报告模块来说，更多的是要对会计交易处理设置相关的制度规范，而更为广义和具体的交易处理流程则可以由财务共享服务中心来协同完成
往来管理、关联交易管理	能够对企业内部往来及企业关联交易实施有效的管理。实现往来交易在具体流程中及时、可靠的双向记录，同时及时进行往来清理，发现风险并及时处理和解决；关联交易则需在法人层面建立双边有效的交易记录机制和核对机制。同时，在复杂的集团中，还需要进行关联交易单位的信息管理，辅助业务单位识别交易对手是否为关联交易对象
会计报告与合并	能够有效地编制和报送各级核算单位的会计报表，高效完成合并报表处理，基于单体会计报表及合并报表出具会计报告。建立有序的会计报告与合并的过程管理，持续提升合并及报告效率
会计核算相关系统	能够建立可靠且高性能的会计核算信息系统以支持交易记录、报表编制及会计合并等会计工作。应关注原始交易信息与业务交易记录、明细会计交易记录、汇总会计交易记录记载的一致性。对于关联交易复杂的企业集团，可以考虑构建关联交易系统

续 表

项 目	说 明
信息披露	信息披露主要是指公众公司以招股说明书、上市公告书、定期报告和临时报告等形式,把公司及与公司相关的信息向投资者和社会公众公开披露的行为。信息披露需关注披露质量、披露时效等问题。在通常情况下,信息披露由董事会办公室负责,但财务在其中也起着重要的支持和协同作用
审计流程及管理	能够规范地选择审计师,与审计师共同建立高效的审计流程,协同公司各级财务部门、财务共享服务中心参与审计配合工作,持续提升审计效率,优化审计周期

2. 智能增强

会计与报告在传统的会计电算化、财务信息化过程中一直是重要的建设领域。在早期,财务的各项信息化工作也都是从这个领域开展的。但是由于多数企业在一开始就建立了核算系统,而且成为后续建设的各类财务系统的对接对象,会计核算系统往往在建成后很长时间难以发生质变,这不仅是个体企业的情况,也是整个行业的情况。

智能时代的到来,对各类财务信息系统都提出了改变的要求,同样对会计与报告管理领域有影响,给这个传统领域的信息化提升带来了契机。

首先,业财系统的高度集成将对会计交易处理的自动化和一致性带来重要帮助,但是不同的业务系统分别进行会计规则的转换将带来较大的管理复杂性。统一会计引擎的出现,能够帮助我们将会计规则的转换架构在一套灵活、可配置的系统组件之上。不同业务系统的输入将可以基于统一平台,完成规则转换和凭证制证,进一步提升会计交易处理的可靠性。

其次,基于机器学习技术,能够考虑实现智能报告。将会计报告交给人工智能来处理并非不可能,现在的人工智能写出的市场研究报告,已经让人难以区分背后是资深研究员还是机器。基于相对结构化的报告范式,再加上人工智能基于市场反应的润色学习,智能报告或许对股价的提升会越来越有帮助。而区块链技术基于分布式账簿所带来的高可靠性,能够帮助我们解决传统业财对接模式下的业务交易记录与会计记录不一致的问题。同时,对于内部往来和关联交易,区块链技术同样能够发挥作用。基于各交易方所构建的分布式账簿,能够将交易同时在交易各方实现记载,降低其被篡改的可能性,这对解决内部往来和关联交易的核对、加强一致性有着重要作用。

139

（二）税务管理

1. 框架详解

税务管理框架详解，如表6-7所示。

表6-7 税务管理框架详解

项 目	说 明
税务政策研究	能够及时地跟进税务政策的动态，清晰准确地解读政策，并根据税务政策的变化及时在企业内部作出相应的政策反应。针对潜在的税务政策风险，能够及早进行监管沟通和防范处理
税务关系管理	能够与税务监管部门建立有效的沟通和对话机制，在合法、合规的基础上，与税务部门维持良好的关系，并在发生企业重大涉税事项后，能够获得相对公平的沟通和协商机会
税务检查配合与风险防范	能够在合理尺度下有效配合税务部门的各项检查，及时汇总各级机构的检查动态，做好检查前的准备工作，积极进行自我税务风险排查，实现税务风险的事先管理
税务数据管理	能够有效管理企业中的各类系统化及非系统化的税务数据，建立清晰的数据管理体系，并充分利用税务数据展开各种税务分析。对税务数据的有效利用能够帮助企业优化税务成本，提前发现和管控税务风险
税务系统管理	能够实现税种系统覆盖的全面，如增值税、所得税、印花税等；功能的全面，应涵盖所得税纳税调整、税务报表编制、预交申报、折旧摊销、资产损失处理、境外所得税抵免管理等功能；管理的全面，如能够支持税务分析、税务风险管理、税费预测、税务检查支持、税务政策管理等需求；接口的全面，如能够打通企业内部系统之间的接口，实现和监管系统的对接；行业的全面，能够适配不同行业的特殊的管理需求
营改增及电子发票/特定时期的特殊事项	针对特定时期所发生的税务管理的特殊事项，能够及时、有效地应对，如曾经的营改增和正在进行的电子发票等对税务管理都会带来重大影响，企业需要能够提前设计方案并安排系统配套支持等各项工作

2. 智能增强

对于税务管理的智能化支持来说，监管单位——税务部门更早地采取了行动，"金税三期""千户计划"的背后都是大数据的影子。对于税务部门来说，其数据具有先天的不对称优势，使其有条件先于企业展开税务的大数据应用。而基于企业间的数据分析，也使税务稽查能力得到了大幅提升。在大数据应用上，税务部门也在试图从其可控的税务数据以外获得更为广泛的社会数据，并应用在税务监管中。

对于企业来说，需要借鉴监管部门的管理思路，基于企业自身的数据，以及可获取的社会化数据，在一定程度内对企业内部应用大数据开展税务风险的预先排查。当然，受到数据基础的限制，企业与监管部门相比可能会有所不足。

实际上，与监管部门之间发票数据的对接、电子发票的应用，对于提升企业内部基于流程的报账处理、操作风险管理都可能更具价值。例如，增值税专用发票及普通发票数据的对接能够帮助企业简化发票真伪查验、发票认证的流程，对电子发票的应用能够大大降低企业的开票成本，也方便了进项报销的处理。

（三）资金管理

1.框架详解

资金管理框架详解，如表6-8所示。

表6-8　资金管理框架详解

项　目	说　明
资金收付管理	能够实现高效且安全的资金收付管理，有效支持资金的收支交易处理、交易后的核算处理、收支失败等异常管理；进行准确的资金收支相关的业财、银企核对；有效控制重复支付等资金支付风险；支持多种形态的资金收支，如银行通道、第三方收付通道等
资金计划管理	能够及时且可靠地预测资金计划，基于资金计划有效地进行头寸管理和资金调度处理。在有条件的情况下可进行滚动资金计划预测。能够对资金计划的申请、调整等过程管理提供支持
债券融资管理	基于发行债券的方式实现直接融资。财务应当能够统筹债券融资的管理过程，与券商进行融资意向沟通、发行准备、审核并上市。能够配合债券融资进行有效的风险评级规划和事前管理
股权融资管理	股权融资是指企业的股东愿意让出部分企业所有权，通过企业增资引进新的股东的融资方式，总股本同时增加。财务能够进行股权融资的沟通、准备、审核配合及发行管理
混合融资管理	混合型融资方式是指既带有权益融资特征又带有债务特征的特殊融资方式，如可转债、认股权证等。财务能够进行混合融资的沟通、准备、审核配合及发行管理
司库管理	司库从大的类别上包括交易管理、资产负债管理和流动性管理、风险管理三个支柱。司库职能在一定层面与其他资金管理职能存在交集
外汇管理	能够有效地管理外汇账户、外汇境外及跨境收支、外汇头寸，把控外汇风险，有效应对外汇监管

续表

项目	说明
银行关系管理	能够有效管理与银行间的关系，与合作银行形成良性协作机制。基于良好的合作关系，企业能够以最具竞争力的价格获取优质的信贷和非信贷服务。能够有效选择合适的合作银行，以专业化的态度进行关系管理
资金系统管理	能够构建完善的资金管理系统，覆盖资金收支管理、账户管理、票据管理、银企对账、风险管理、流动性管理和资金计划管理等一系列功能。资金系统应当实现高度的安全性
流动性管理	流动性风险管理是指应避免在某一特定的时期业务中产生的资金流量缺口风险。需要及时考虑自身财务状况恶化时，被交易对手要求提前终止安排或提高信用安排时所需要的融资来源。对于金融企业来说，流动性风险管理尤为重要，但是对于其他行业，从现金流风险的角度来说也是需要重点关注的
投资管理	基于企业资金进行有效的投资，如直接投资、证券投资、项目投资等。企业财务应能够进行投资规划，管理投资收益，控制投资风险

2. 智能增强

对于资金管理来说，智能化的影响主要体现在对资金交易的安全性和核对一致性方面、跨境外汇交易效率的提升及成本降低方面，以及对资金计划、流动性风险管理预测等能力的提升方面。

首先，对资金管理影响比较重要的智能技术是区块链技术。基于去中心化的分布式账簿，能够构建起企业集团级的区块链清结算平台。基于区块链原理的交易记账，能够有效提升资金交易的安全性和效率，并能够解决资金清结算中的交易核对和一致性问题。在一国社会范围内的区块链金融的发展，能够更好地提升企业间、企业与金融机构间、金融机构间的资金交易的安全性和效率。当然，在实践中，我国基于互联网、移动互联技术的资金交易模式的痛点并不显著，更有价值的应用体现在跨境交易上，对跨境交易的时效性长、成本高、依赖性强的痛点的解决能够让区块链技术体现出更大的价值。

其次，大数据技术的应用，能够帮助我们更好地展开资金计划管理。企业通过自身数据的积累，以及对企业构成资金需求影响的风险数据的监控，能够更为弹性地展开资金计划预测，并实现资金计划的动态滚动预测。同时，大数据能够借助对风险"加速度"的发现和监控，在更早的阶段发现流动性风险、资金安全风险等，帮助企业更好地展开资金风险管理。

（四）管理会计

1. 框架详解

管理会计框架详解，如表6-9所示。

表6-9 管理会计框架详解

项　目	具体内容
维度体系搭建	能够搭建管理会计分析所需要的维度体系，建立维度层次，清晰地定义各维度的维度值。维度体系应当能够有效承接经营分析的需求，与会计核算、全面预算的维度体系在一定层次上保持一致性
收入分成管理	能够有效地将业务收入按不同的维度和维度层次进行分成。在通常情况下，可以优先考虑基于业务交易的源数据，将销售合同直接进行多维度底层维度值的指认，对于无法直接指认到底层维度的收入，需要建立相应的收入分成规则，并能够及时完成相关的收入分成数据处理
成本分摊	能够将公共成本以逻辑清晰或协商一致的规则，向各维度、各层次进行分摊。能够针对不同的业务特点选择相匹配的成本分摊方法，有效进行成本动因、分摊路径设计及管理。能够就成本分摊规则与关联部门展开充分沟通，使得分摊结果更易获得认可和应用
多维度盈利分析	基于多维度的收入分成及成本分摊的结果，展开多维度的成本和盈利性分析。能够基于单个维度或组合维度的信息展开分析，并为管理决策提供有用支持
作业成本管理	能够针对可行的业务场景，如生产作业或运营作业，基于作业成本法或估时作业成本法进行成本分析。基于作业成本法，追踪并动态反映企业的所有作业活动，进行成本链分析，包括动因分析、作业分析等；指导企业有效地执行必要的作业，消除和精简不能创造价值的作业，从而达到降低成本、提高效率的目的
资金转移定价（FTP）管理	资金转移定价是企业资金池与业务经营单位按照一定规则全额有偿转移资金，达到核算业务资金成本或收益等目的的一种内部经营管理模式。这种模式在商业银行的应用较为普遍，在部分有类资金池业务的金融企业中也有应用。相关企业财务应当能够建立资金转移定价的相关业务规则，基于系统完成交易定价的处理和跟踪，并能够基于经营战略导向对定价进行及时、动态的调整

2. 智能增强

管理会计的应用十分依赖信息系统的建设情况。在通常情况下，管理会计需要处理相对大量的数据，如缺少信息系统的支持，就很难实现日常的机制化运转。但在传统模式下，管理会计支持系统的运算性能存在瓶颈，在性能难以支持的情况下，需要通过简化业务逻辑的方式来满足性能的要求。

实际上，从多维数据库的出现开始，管理会计的性能已经得到了很大改善。在传统模式下，关系数据库严格按照三范式设计，通过多次表链接实现查询，对于大数据量的处理，非常费时，并且性能较差、开发周期长、成本高。多维数据库则以事实表为核心，由多个维度组合而成，结构简单、容易理解、开发相对容易，却导致出现很多冗余，多维数据库属于使用空间换取时间的解决方式。

随着智能化的到来，管理会计将更多地从技术性能方面获益。针对管理会计最大的痛点——运算性能不足，在物理架构、硬件等方面的技术进步能够使这些问题有所缓解。基于云计算架构搭建的多维数据库，或者直接使用内存数据库来进行相关的管会数据处理都有优化数据性能的机会。

（五）财务风险管理

1.框架详解

财务风险管理框架详解，如表6-10所示。

表6-10 财务风险管理框架详解

项 目	说 明
财务操作风险管理	能够有效管理财务作业流程中所涉及的各类潜在财务操作风险，建立起操作风险管理的组织、流程、机制。能够深入业务流程，明确流程中的风险点、监控方式、防范机制，明确责任人，最终达到降低财务操作风险事件发生概率的效果
财务风险意识及管理文化建设	在企业中能够有效地对操作风险管理加强文化建设和宣导，推动财务流程中的各方参与者形成操作风险意识，实现操作风险的事前防范和主动防范
RCSA（风险控制与自我评价）工具的财务应用	能够应用风险控制与自我评价工具辅助进行财务操作风险管理，借助工具展开基于流程的风险点的识别和控制方法的定义，并借助工具展开风险自评等管理活动。能够对RCSA工具进行及时、有效的日常维护，以保持工具的可用性
KRI（关键风险指标）体系的财务领域搭建	能够针对财务操作风险定义关键风险指标，关键风险指标应当覆盖人员、流程、系统、运营等多个不同的维度，基于风险指标，实现对日常财务操作风险的事前发现和预警，防患于未然
重大风险事件监控	能够建立起重大风险事件发生后的信息传递机制，风险管理团队应当及时获知重大风险事件的发生和详情，第一时间跟踪责任人，并及时推动建立后续整改方案，防范二次风险

2. 智能增强

通过智能技术，能够从事前、事中、事后三个层次防范财务操作风险。

从事前防范角度来看，在传统模式下，我们所构建的 KRI 体系是基于经验和分析的，但这种构建方式可能存在认知完整性的缺陷。基于财务业务流程中大量的交易，以及现有模式对于风险事件的发现，能够通过机器学习方法发现新的 KRI 规则，从而补充和完善现有的 KRI 体系，加强对事前风险的防范能力。

从事中控制角度来看，基于经验的规则系统化，能够实现初级人工智能的应用，通过大量规则，能够发现财务交易中的潜在风险事件，并能够对一些风险事件进行直接拦截。此外，基于数据积累，能够对每一笔单据进行风险分级，针对不同的风险等级配置不同的控制流程，从而提升风险管控能力。同样，基于经验的规则积累，能够借助机器学习技术进行持续的训练优化，持续提升风险控制能力。基于企业内外部大数据的积累和挖掘，能够建立更丰富的单据风险分级规则模型，使单据的风险分级更准确。

从事后分析角度来看，能够建立起不同类型的分析模型以发现风险线索，如基于决策树的模型、社交网络的模型、聚类分析的模型等。这些模型的构建，能够帮助我们在事后进一步进行操作风险审计和问题发现，通过跨交易单据的分析，发现更为广泛的风险线索，并基于风险线索进一步发现和解决问题。同样，大数据和机器学习有助于我们持续完善各种分析模型的规则，从而提升风险线索发现的精准度。

二、智能风控

对于专业财务来说，业务人员舞弊和渗漏风险管理一直是重中之重。然而，在传统的财务管理模式下，想要做到这一点在客观上存在较大难度。一方面，渗漏和发现渗漏就如同一场猫捉老鼠的游戏，总是不得不面对财务与业务的各种博弈升级；另一方面，要想做好这件事情，财务在反渗漏的斗争中不得不消耗大量的人力和精力。

好在随着智能时代的到来，在财务反渗漏这件事情上有了新的转机。依托智能技术，我们有可能在与渗漏行为的博弈中占据更加主动的位置，同时能够让算力从一定程度上替代人力，智能风控让我们能更容易地抓住财务渗漏的尾巴。

（一）何为财务渗漏

对于财务来说，在面对风险时有两种典型的情况。

一种情况是在复杂的财务流程中存在大量的财务运营工作，这些工作本身容易发生因为工作疏忽或者技能熟练度不足所导致的各种各样的差错。对于这些差错来说，我们并不把它们理解为一种渗漏行为，而更多地定位为财务的质量问题。

另一种情况是这里要说的财务渗漏，也可以理解为公司员工出现道德问题，从而发生的舞弊欺诈事件，这些事件会直接或间接地造成公司的财务损失。由于这种行为往往隐藏在大量的常规业务中，如员工的费用报销、零星采购等，如同一个容器出现了破损，漏下了沙子，故被称之为财务渗漏行为。

对于财务渗漏来说，最典型的关键词是"虚构"，那么我们会面临哪些虚构事项呢？

1. 虚构经济事实

这种情况是财务渗漏事件中性质最恶劣的，可以用"无中生有"来形容。涉案者往往是在没有任何真实业务支撑的情况下，凭空捏造一个经济事实。做得比较高明的，往往还会编造一套看起来相对靠谱的逻辑证据链，通过这样的虚构从公司套取资金。当然，套取资金后，某些有良心的人会用这些资金形成小金库，用于特殊用途或员工的补充福利，而另一些人则直接装入自己的腰包。

2. 虚构原始凭证

相对于完全虚构事实，虚构原始凭证的情况要稍微好些。有些时候，确实是发生了实际的费用支出，并且员工也自行垫付了资金，但由于发票遗失或者忘记事前审批等其他情况，能够支持其正常报销的原始凭证缺失，这个时候为了完成报销，员工有可能虚构原始凭证，比如购买发票、伪造审批签报等。尽管从动机上讲，虚构原始凭证比完全虚构经济事实少了那么一点儿恶劣性，但仍然是我们所认为的财务渗漏行为。

3. 虚构业务金额

还存在一些混搭性质的情况，并且也比较隐蔽，我们姑且称之为虚构业务金额。这种情况往往会存在一个基础的经济事实，也就是说确实有经济开支发生了。比如，员工确实出差了，但是在实际报销的时候员工把住宿金额放大，将住了5天改成10天，把每天500元变成每天1000元，这样在一件存在事实基础的事情上虚构了业务金额。这种混搭式的行为也是我们理解的财务渗漏行为。

（二）进化中的财务渗漏

我们把渗漏的发展分为基础进化、惯性进化、关联进化和突变进化四个阶段。

1. 基础进化阶段

在财务渗漏的最原始阶段，业务人员的渗漏行为往往是偶然的。比如，在一次报销中错误地填写了信息，而财务人员并没有发现，这种偶发的渗漏行为就如同取款时取款机吐出了一堆并不属于我们的钞票，然后我们把这些钞票放进了自己的腰包。这个阶段我们可以称为财务渗漏的基础进化阶段。

2. 惯性进化阶段

当给了可以犯错误的机会后，总有一些人会把这种偶然行为转化为一种惯性行为。有少部分人会尝试利用财务控制中的一些漏洞习惯性地占一些小便宜，甚至慢慢演变成主观故意的恶劣欺诈行为，但这种行为还是被控制在了个体单位内。这个阶段我们不妨称为财务渗漏的惯性进化阶段。

3. 关联进化阶段

再往后，贪婪是很容易被放大的，由于个体渗漏的成功率是建立在后续控制环节失效的基础上的，很多时候并不那么容易成功。把最重要的控制环节——主管领导，纳入自己的渗漏计划里往往能够迅速获得更多的成功机会。由于业务真实性的控制已经失效，只要后续能够伪造证据，就很容易完成渗漏。这种现象放大了渗漏的频率，我们不妨称这个阶段为财务渗漏的关联进化阶段。

4. 突变进化阶段

关联进化阶段的渗漏还是有一定的限制的，毕竟要想获取各种支持证据并不容易，虽然渗漏频率增加了，但尚未造成金额的放大。但如同生物的进化，总有一些个体会发生基因突变，形成具有显著差异的物种。在渗漏的进化之路上，有那么一些不满足于当前阶段的渗漏者扩大了他们的小圈子，通过将支持财务开支的证据链条上更多的环节纳入渗漏俱乐部，实现了端到端的渗漏能力，不求高频，只求金额大。我们将这个阶段称为财务渗漏的突变进化阶段。

（三）财务反渗漏的进化与面对的难题

1. 数据分析的资源有限

不得不承认，靠财务人用 Excel 或者简单的 BI 工具确实能解决不少问题，但是面对报销这样的海量高频数据时，这些数据分析资源还是远远不够的。由于反渗漏的数据分析是一种线索发现的分析，和常规的数据报表是不一样的，这要求我们通过大量的数据、大量的分析尝试来发现线索。对于财务人来说，进行一两次专项分析问题不大，但要是把这件事情变成常规工作，估计很多财务人撞墙的心思都有了，这哪里还是"高大上"的反渗漏数据分析师，整个就是一个"数据码农"。

2. 复杂逻辑难以设计

在进行财务反渗漏的过程中，依靠逻辑来发现线索本身就是一件很困难的事情。实际上，逻辑的设计类似于数据建模的过程，要想有效地发现复杂渗漏的线索，模型就必须要构建得足够复杂。然而，人脑处理逻辑的复杂性是有限制的，当逻辑层次超出了人们的理解范围后，就很难再依靠人的认知能力来进行逻辑分析发现渗漏线索了。因此，如何突破人的逻辑局限，找到不易发现的隐藏逻辑或复杂逻辑，成为财务人反渗漏的重要挑战之一。

3. 关联渗漏无能为力

在反渗漏的战斗中，财务人最无能为力的场景就是面对关联渗漏。所谓的关联渗漏是指舞弊的行为被分散在不同的单据、时间甚至不同的子公司中。在这种情况下，财务人的分析发现能力很难跨越单据、时间和公司这些天然的屏障，这也成为很多渗漏者的舞弊乐园。

不难看到，财务在反渗漏的进化中是迟滞于渗漏进化的。特别是在过去很长一段时间内，技术手段无法突破成为最大的挑战。值得庆幸的是，在智能时代，这一状况有望改变。

（四）智能时代反渗漏技术的智能进化

智能时代的到来，让我们面对亟待进化的反渗漏局面时找到了突破的转机。大数据与机器学习技术的发展，让财务有机会在反渗漏的场景中尝试应用这些新技术。下面我们一起来看看基于规则模型与监督学习模型、非监督学习模型、SAN 社会网络三种形式的智能风控所带来的反渗漏升级。

1. 基于规则模型与监督学习模型的智能风控

事实上，基于规则的反渗漏与我们在上文中所谈道的基于数据和逻辑的反渗漏的思路是一致的。核心差别在于能够用信息系统来运行复杂的规则模型，而不是靠人进行分析。当然，你可能会说，现在就能够把规则植入系统中，和智能技术有什么关系？

说得没错，很多人会陷入一个误区，认为人工智能到来了，要用复杂的思维去取代简单的规则处理。实际上，正确的做法是尽最大的可能在应用人工智能技术之前采用规则处理，基于规则的系统处理的成本更低并且高效。但是，在当前的技术条件下，采用规则处理有两个难点，一个是支持规则处理的数据不足；另一个是规则本身的设计困难且复杂。

智能技术的出现，恰巧在这两个方面提供了支持。大数据技术的出现，让我们能够管理更庞杂的和非结构化数据。这些越来越大的数据让我们有机会应用更复杂的规则模型来发现渗漏线索。比如在今天，我们可以使用 OCR、众包等多种形式获得大量与经济事项相关的数据进行管理，也可以从社会网络中获取与供应商、员工相关的大量信息来发现潜在的渗漏线索。另外，机器学习中的监督学习模型能够帮助我们将大量人工审核方法转化为机器规则，从而实现自动化的规则反渗漏审核。

在基于监督学习的机器学习模式下，我们可以将长期以来基于人工反渗漏作业的单据作为学习训练的基础，通过对单据的特征进行数据化，并对这些单据是否存在渗漏情况打上标签。监督学习模型能够利用大量具备特征和标签的训练题进一步提炼规则。这些新的规则植入系统后，作用于新发生的业务单据，分析其是否存在渗漏的可能，这将有助于解决"规则建立困难"的问题。

2. 基于非监督学习模型的智能风控

另一种帮助我们找到渗漏线索的方法是利用机器学习中的非监督学习。从某种意义上讲，非监督学习可以理解为机器对大量数据进行自主聚类分析的过程。机器系统并不关心数据本身的含义，它将数据按照特征的相似性进行分类。在这种情况下，我们不难想象，对于大多数"正常"的单据来说，它们会具有相似性，能够被非监督学习模型归集到非常相似的大圈圈里；而那些可能存在渗漏行为的"不正常"单据，则有可能出现在特定区域的小圈圈中。通过这样的可视化分析，能够帮助我们进一步将渗漏调查的对象聚焦在这些另类的小群体单据中。

"非我族类，其心必异。"正是基于这种思维导向，非监督学习在技术上的支持，让我们有可能突破数据和逻辑分析的局限，找到在传统模式下看不到的渗漏风险。

3. 基于 SNA 社会网络的智能风控

我们要对付的是最无能为力的关联舞弊。正如上文中所说的，人的思维能力很难发现跨越时间和空间的关联性。在大数据技术的支持下，通过构建社会网络的方式来发现渗漏风险，这成为解决关联渗漏的创新思路。

社会网络是指利用企业内部财务相关经济事项的各个关联主体之间的相互关系构建的一个关系网络。在这个网络中，有公司的员工、员工的审批领导、供应商、供应商的股东、供应商与公司内的其他关联人等。通过筛查社会网络中可能发生渗漏行为的主体规律特征来识别利用传统反渗漏技术难以发现的渗漏行为。在社会网络模型中，集成了筛选、统计、时间还原、风险节点关系分析、可视化关联分析等模型，能够更加快捷、有效地帮助财务反渗漏分析师发现潜在的渗漏风险。

在实际应用中，我们可以以报销单据为核心向外扩展，通过员工、审批人、供应商等多个要素之间的关联关系，跨越空间和时间构建起网络。在这个网络中，我们试图寻找所谓的"黑节点"。"黑节点"是指通过其他技术方式发现的有问题的单据、人或供应商。一旦出现了"黑节点"，我们就有理由怀疑在这个网络中存在其他的"被

149

污染节点"。这种从网络和"黑节点"视角出发的渗漏发现方法往往能够以点带面地发现问题，并且将深度隐藏在空间和时间掩体后的渗漏行为挖掘出来。

在实际构建 SNA 社会网络模型的时候，通常需要经过节点确定和数据提取、节点数据清洗、关联关系匹配、生产网络等步骤。在这个过程中应尽量减少数据不足、垃圾数据过多、数据冗余等问题对网络质量的影响。

反渗漏技术即将进入智能风控时代，这让我们在面对高度进化的渗透势力时有了一战之力。财务人应该拿起智能风控的武器，来赢得战斗的胜利。

第三节　智能时代业务财务创新

一、智能时代业务财务框架详解及智能增强

业务财务的提出为国内财务管理水平的提升注入了强大的活力，也是传统财务向新型财务转变的重要一步。业务财务的核心理念是希望财务队伍能够从自己的专业领域走出去，成为业务部门的合作伙伴，能够站在业务的视角及业务与财务专业的交集区域，开展财务管理活动。

但是长期以来，业务财务的概念并没有相对标准的细分定义，导致每个公司对这个概念的理解或多或少都有一些差异，从而在实务中对于如何设置业务财务队伍、如何发挥这支队伍的价值等都产生了一定的困扰。下面我们从业务财务的不同角度来解析，看看业务财务在不同领域都可以做些什么，以及在智能时代能够获得怎样的技术支持。

（一）产品财务管理

1. 框架详解

产品财务管理框架详解，如表 6-11 所示。

能够积极主动地参与到产品前期规划和投资阶段中，从产品设计成本管理的角度对产品规划提出财务视角的专业意见。能够对产品的投资预算、投资回报、成本策略、目标设定、利润预测、产品组合投资策略等展开专业分析。积极参与产品经营分析会议，从产品线全生命周期视角为管理层提供决策支持。

表6-11 产品财务管理框架详解

项　目	说　明
产品研发财务管理	能够针对各个重要的产品线，组建研发财务管理队伍。能够在产品研发的过程中对研发成本进行深入的管理，从财务视角对研发效能的提升，研发过程中的物料、费用、人力等成本的精细化管理进行积极主动的管理干预
产品周转管理	能够从产品全生命周期视角，提供对产品周转情况的财务分析和主动管理支持。能够基于产品维度，对材料采购、库存、应收管理等全过程展开产品周转管理
产品质量成本管理	能够推动产品线建立质量成本管理和评价体系，提高质量成本管理的意识。能够从产品预防成本、鉴别成本、内部故障成本、外部故障成本等方面，展开主动的质量成本分析和管理动作。能够协同专业财务职能，建立质量成本核算体系。能够在事前展开质量成本规划评价，事中进行质量成本管理控制，事后进行质量成本在不同细分产品中的评价分析，并在考核中加以应用
产品最佳财务实践管理	能够在不同产品线中发掘产品财务管理的最佳实践，将最佳实践总结为案例，并形成方法、工具、模板。通过培训、案例、报告、经验推广等有效形式，从全流程的角度揭示问题、预警风险，获得产品线对财务管理的有效反馈，并从财务视角积极推动各个产品线改进落实，实现各产品线财务管理能力的全面提升

2. 智能增强

在产品财务管理方面，单纯从财务的角度来说，能够实现智能增强的范围是有限的。

在产品规划和投资方面，基于今天的信息条件，更为广泛的数据和信息获取能够帮助我们更加有效地模拟预测产品未来的经营情况。

在产品最佳财务实践的推广方面，可以尝试着使用一些新的技术手段来加强培训的效率和效果。在传统模式下，通常需要通过开发课程、面授推广的方式来传播最佳实践。而在今天，我们可以考虑采用更丰富的形式，如网络直播、碎片化学习等，借鉴新的学习模式的优点。

物联网的发展使我们能够更好地跟踪实体化产品的市场投放数据，通过经营分析获得如产品的使用情况、用户的反馈情况等更有价值的数据。

相比财务本身来说，业务财务更需要关注的是企业产品本身在智能化领域的发展。对于产品财务经理来说，需要能够紧跟智能时代的新技术与企业自身产品的结合情况，能够对涉及智能技术的新产品实现优化资源配置判断，能够应用智能技术建立

智能时代财务管理转型研究

新的产品规划和投资的财务评价模型,实现和传统产品评价同样的标准,甚至更好的评价能力,而不是在智能时代完全无法理解业务部门的战略、规划和行动,财务需要成为业务的伙伴,而非拖累。

(二)营销财务管理

1. 框架详解

营销财务管理框架详解,如表6-12所示。

表6-12 营销财务管理框架详解

项 目	说 明
商务合同财务管理	能够提供商务合同准备和签订过程中的财务管理支持,帮助业务团队基于商务资源投入进行快速的合同成本评估,帮助业务部门建立合同报价模型,评估不同商务合同设计对财务指标的影响,帮助业务部门进行商务合同决策
营销及销售费用管理	能够对营销及销售环节的费用投入展开有效的预算、执行控制、分析等财务管理行为。能够针对营销或销售活动,以类项目方式设定资源投入的目标,并基于目标进行资源投放的过程管控,帮助业务部门提升营销及销售费用的使用效率
客户信用及风险管理	能够建立起完善的客户信用及风险管理制度体系,主动进行客户资信调查,建立客户信用评价模型,帮助业务部门进行客户筛选、信用政策制定、合同保障、账务跟踪、催收管理、危机处理等,为信用管理全生命周期提供财务支持
竞争对手财务及经营信息管理	能够帮助业务部门建立起财务竞争情报的分析能力,获得与企业销售市场相关的财务及经营指标数据,获得企业主要竞争对手的财务及经营指标数据,建立起竞争情报支持系统、经营舆情系统

2. 智能增强

大数据技术是营销财务管理的重要助力,能够在营销及销售费用管理、客户信用及风险管理、竞争对手分析等领域发挥重要作用。

首先,在营销及销售费用管理方面,重点关注的是销售资源投放和效果达成的关系,如果能够管理好每一笔销售费用的投入产出,那么销售费用的投入就能得到很好的财务回报。在这一方面,我们可以充分利用大数据在相关性分析方面的优势,基于大量的企业内部历史销售费用投放的数据,以及市场上与企业销售活动相关的各方面的反应数据,获得销售费用投放方案与市场反应之间的相关性分析结果,从而将优质资源向市场反应积极的销售活动方案倾斜。

第六章 智能时代财务创新实践

其次，在客户信用和风险管理方面，能够依托大数据技术更广泛地获取与客户相关的社会化数据，不再简单地依赖于客户公布的财务报告信息，而是将客户在社会化活动中所形成的广泛的数据纳入监控范围，基于广泛的客户行为信息、舆情信息，更及时、准确地评价客户信用，建立多视角、全方位的客户信用评价模型。

最后，在竞争对手分析方面，大数据能够帮助企业建立更加及时、有效的舆情监控系统。基于网络新闻、微信、微博等多种社会化媒体，新的舆情监控系统可以从文字、图片、语言、视频等获得全方位的信息输入，从而更早地发现市场和竞争对手的重要动态，帮助企业及早决策应对。

（三）供应链财务管理

1. 框架详解

供应链财务管理框架详解，如表 6-13 所示。

表 6-13　供应链财务管理框架详解

项目	说明
采购财务管理	能够有效地进行供应商的准入管理，对采购过程进行有效的财务成本和风险管控，提供采购流程的财务运营作业支持，提高采购流程中的财务运营效率，对采购活动提供有效的财务分析和决策支持
生产财务管理	能够积极主动地进行生产过程财务管理，建立完善的生产成本管理体系，深入生产的全过程进行成本计划、控制分析等活动。通过积极总结生产环境下的最佳财务管理案例，并加以推广应用，营造成本管理文化环境，推动生产成本优化创新
库存控制管理	能够推动和协助业务部门进行全供应链过程的库存管理，积极介入库存计划管理，帮助业务部门优化库存周转，提升库存利用效率。能够积极主动地进行库存价值管理
配送物流财务管理	能够对企业供应链中的配送物流进行有效的财务分析和评价，帮助业务部门构建配送及物流成本模型，通过推动业务部门对路线、仓储、运输方式等物流要素的优化来进行物流成本优化
分销财务管理	能够对分销渠道展开相关的财务分析，从财务视角进行渠道的收入、成本管理，提高分销渠道信息的可比性，帮助业务部门优化渠道选择和渠道管理

2. 智能增强

供应链管理本身是一个相对成熟的管理领域。特别是在 ERP 系统出现后，企业的供应链管理能力得到了大幅度的提升。在智能技术方面，物联网技术将为此领域财务管理能力的提升提供潜在的机会。

在物联网技术快速发展后，越来越多的企业使用物联网来跟踪其供应链的全过程。从原材料到在产品、产成品，直至后续产品的库存、配送物流及客户使用，物联网能够跟踪到每个环节的大量位置信息。对这些信息的获取，能够让我们即时获得清晰的物料及产品的库存、流转、物流情况。其一，供应链财务能够利用这些信息替代盘点，甚至也能为相关的会计核算提供更好的自动化支持；其二，能够利用这些信息优化库存价值管理，减少呆滞库存的出现；其三，配送物流数据信息对于优化配送物流成本也有重要的作用。

在未来，物联网信息和财务的有机结合势必会改变供应链财务的管理模式。此外，在采购管理方面，通过将采购财务管理前置于业务处理，能够实现更好的管理效果。如采用类电商的模式在企业内部推动采购管理，能够实现整个采购过程的透明化和自助化，更好地推动业财全流程的融合。

（四）项目财务管理

1. 框架详解

项目财务管理框架详解，如表6-14所示。

表6-14 项目财务管理框架详解

项 目	说 明
研发项目财务管理	能够以研发项目为单位进行全过程的财务管理。在项目立项前，进行研发项目立项的财务评价。在项目立项后，设立项目财务目标，进行项目的概算、预算、核算、决算的"四算"管理。重点关注研发项目的设计成本管理、研发材料管理、研发费用管理、研发效能管理等专题领域
市场推动项目财务管理	能够针对市场推动型项目，设定清晰的项目目标及评价标准，对市场推动进行有效的预算管理，建立起立项、兑现、动支和报销的全过程项目财务管理。重点关注市场推动的效果，达成相关的财务分析
售前/销售项目财务管理	能够对售前项目、销售项目建立完善的预算审批制度，严格控制项目费用的执行与使用。重点关注佣金、手续费的投放管理，基于销售活动的特殊性，管控销售活动中的财务道德风险
工程项目财务管理	针对工程项目的复杂性，配置专业化的工程项目财务团队，以工程项目专业知识为基础，完善项目的概算、预算、核算、决算的"四算"管理。重点关注工程项目中的工程资金管理、工程物资管理、工程成本管理等重要财务管理环节

续 表

项 目	说 明
实施交付项目财务管理	能够根据实施交付项目的特点展开完善的财务管理支持，针对实施交付项目中的人力资源投入计划展开相关的财务成本管理。重点关注项目延期交付和范围溢出导致的成本失控风险
管理支持项目财务管理	能够对企业内部的各类管理支持活动的配套项目积极主动地进行财务管理，在项目立项过程中应设立财务评价标准，设定项目的投入产出目标，加强项目过程中的成本支出和目标达成的匹配分析，在项目完成后进行相应的财务评价和考核，优化项目的目标达成效果

2. 智能增强

实际上，针对项目管理，我们更建议推动其系统化建设，针对不同类型的项目建立差异化的前端业务管理系统。将财务与业务紧密结合的部分内置于前端项目管理系统中，而针对项目财务管理通用的部分，则可以考虑建立统一的项目财务管理平台，对接各类前端专业化项目的业务管理系统，打通业财壁垒。

与项目相关的业务及财务系统的建立尽管并不高度依赖于智能化技术，但对于很多企业来说，这项工作仍然是企业财务信息化建设中的薄弱环节。基于现有的信息化技术，实现项目过程的信息化管理是很多企业的当务之急。

二、智能核算：支撑业财高度融合的统一会计引擎

(一) 会计引擎的基本原理

简单地理解，会计引擎可以看作是将业务系统语言转换为财务语言的翻译器。对于一个翻译器来说，如果要让它运转起来，首先要能够实现语言的输入，然后基于所输入的语言，通过一系列的语法分析及规则转换，将其形成新的语言再输出。当然，这里所讲的翻译是基于文本信息的，如果是基于语言的处理，那么最大的难点将转变为在输入环节如何让计算机能够听懂且理解人类的语言，并将这些语音信息转换为文字。

我们可以参考类似的方式，用会计引擎来解决问题。首先，需要从各业务系统中获取业务系统数据的输入。在这个过程中，我们必须意识到，会计凭证是企业各类经济活动结果的反映。在这种情况下，能够支撑进行财务语言转换的前端业务系统的涉及面也必然是广泛的。当建立了业务系统与会计引擎之间的数据接口后，就形成了类似于翻译器的语言输入过程。接下来，要做的事情是语言的转换。对于会计引擎来

续表

说，需要建立一套类似于翻译器中词汇映射和语法映射的规则转换机制。也就是说，要建立业务数据向会计凭证转换的系统规则。

当然，这里有一点和翻译器是不一样的。对于翻译器来说，不管输入什么，都需要被动地接收，并转换为另一种语言进行输出。而对于会计引擎来说，首先是基于会计凭证的数据构成规范来判定需要什么输入，对形成会计凭证无用的数据，根本就不会考虑作为输入。在这种情况下，业务系统根据会计凭证的数据需求提供数据输入，经过预先设定的业务语言向会计语言转换的规则处理后，形成"准凭证"。

所谓的"准凭证"是会计引擎处理后所形成的预制凭证，由于还没有进入总账系统，故被称为"准凭证"。准凭证进入核算系统后，形成正式的会计凭证，最终完成语言输出的过程。

（二）统一会计引擎

统一会计引擎和传统会计引擎相比，核心就在于"统一"两个字。如上文中所说的，多数会计引擎都搭建在其他财务或业务系统中，以一个模块的形式存在；稍微好一些的，也就是在专业系统中圈下一块地盘，形成一个相对独立的子系统。而这里所说的统一会计引擎则是希望能够打破其寄生系统的束缚，从各个系统中独立出来，形成一个专业化的系统平台。通过这样的一个平台，形成一个多语言翻译器。也就是说，统一会计引擎的一端对接企业内所有业务系统和专业财务系统，以获得信息输入，另一端对接会计核算系统和管理会计系统，以生成会计凭证并实现财务分析。

（三）智能化下的统一会计引擎

尽管我们意识到统一会计引擎的建立难以一帆风顺，但同样看到它建立后所带来的价值。今天，随着智能化技术的进步，还有可能在建立统一会计引擎的过程中更进一步——借助智能化技术提升统一会计引擎的性能。

如同翻译领域对智能化技术的应用，统一会计引擎可以考虑适当地应用机器学习技术来辅助完善翻译器的翻译规则，即会计引擎的凭证转换规则。在建立统一会计引擎时，通常将优先基于所积累的经验来设计规则，但面对多行业及全场景的复杂性，仅仅基于经验是不够的。机器学习技术通过对标签化业务信息的输入和学习训练后，能够更高效地提炼转换规则，提升会计引擎在面对新问题时的处理能力。另外，利用区块链技术。如果能够在业务系统、专业财务系统、核算系统之间搭建分布式底账，那么将为提升会计引擎转换结果的可追溯性带来极大的帮助。

我国尚处于统一会计引擎建立的探索和尝试阶段，但其在大型多元化集团的落地应用并不遥远，未来出现面向社会提供服务的低成本甚至免费的、开放式的统一会计引擎平台也并不是空想，而智能化技术在开发统一会计引擎平台上也能够发挥更大的价值。

第四节　智能时代财务共享服务创新

一、智能时代财务共享服务框架详解及智能增强

财务共享服务模式在中国是在 2005 年左右兴起的，尽管这个时候西方国家对财务共享服务的应用已经日趋成熟，但作为后来者，我国的财务共享服务发展呈现出逐渐加速的趋势。在最近五年中，财务共享服务的热度飞速上升，已然成为国内大中型企业财务组织的标配。

在这个过程中，财务共享服务中心从设立到运营全过程的管理水平都在快速提升，到今天已经形成了相对完善的财务共享服务管理框架，并在政府、企业、高校和各类协会组织的共同推动下，逐渐成为国内财务共享服务中心特有的管理模式。

（一）财务共享服务中心设立管理

1. 框架详解

财务共享服务中心设立管理框架详解，如表 6-15 所示。

表 6-15　财务共享服务中心设立管理框架详解

项　目	具体内容
财务共享服务中心立项	能够站在企业立场，充分评估财务共享服务中心设立对企业经营发展所带来的利弊影响，客观评价财务共享服务中心的投入产出情况、匹配和适应情况、变革管理的难点及应对措施。能够在判断财务共享服务中心建设对企业有利后，积极推动管理层和各相关方的认可，并获取充足的资源，支持后续的中心设立
财务共享服务中心战略规划	能够站在战略高度对财务共享服务中心展开规划，如总体模式的选择，包括定位、角色、布局、路径、变革管理、组织、流程、服务标准、系统及运营平台、实施等规划内容

续 表

项 目	具体内容
财务共享服务中心建设方案设计	能够在财务共享服务中心建设启动前进行充分的建设方案设计，包括组织、人员、系统、流程、运营、制度等方面。方案应能够涵盖框架和详细设计，并在最终落地方面做好充分的工具设计准备
财务共享服务中心实施	能够有效地组织项目展开对财务共享服务中心的实施，制订合理的实施计划，有序推进组织架构和岗位设立、人员招聘及培训、系统搭建及上线、流程设立及运营等各方面工作，实现财务共享服务中心从试点到全面推广的实施落地
财务共享服务中心业务移管	能够在财务共享服务中心设立后，有效地推动业务从分散组织向财务共享服务中心的转移，通过推动签订服务水平协议、业务分析、流程标准化及操作手册编写、业务转移培训、业务试和最终正式切换，实现移管目标

2. 智能增强

在通常情况下，管理层都会要求财务共享服务中心的设立具有一定的前瞻性和预测性。自十多年前开始，财务共享服务中心的建立本身就具有强烈的创新特征，我们需要向管理层阐明所采用的技术手段能够达到当前的市场水平或竞争对手水平，并能够对企业自身的管理带来提升。很多企业在这个过程中也同步进行了与支持财务共享服务相关的信息系统建设，但总体来说，并没有超出当前互联网时代的技术水平。

今天，在展开财务共享服务中心建设的过程中，无论是进行立项还是规划都必须考虑到即将到来的智能革命对财务共享服务的影响。笔者曾经给一家中国本土进入世界五百强的家电制造企业做过财务共享服务规划和设计，在此过程中，其管理层就谈到过，希望未来的财务共享服务中心能够越做越小，而不是人数规模越来越大。这正是暗含了对智能时代共享服务建设的深刻理解。

在笔者看来，基于信息系统的高度集成，数据信息能够自由获取，规则的自动化作业辅以人工智能作业的新的共享服务模式正在到来，也会在不久的将来逐步取代当前基于大规模人工作业的共享服务模式。实际上，这一进程一直在进行，只不过受限于技术手段和数据质量，我们所能感受到的仅仅是优化性的进步，如一些跨国外包公司热衷于RPA（机器流程自动化），就是在积极进行自动化替代人力的尝试。

因此，今天我们在建立共享服务中心的规划过程中，必须要充分考虑到未来智能化技术对财务共享服务中心的影响，为当前财务共享服务中心的建设留下向智能化进行转型和拓展的接口。同时,我们必须认识到智能化很可能在最近数年中出现爆发式的技术发展,财务共享服务中心必须要有充分的认知准备,紧随技术进步,及时调整自身的运营策略,切换至智能化运营平台,以维持当前建立财务共享服务所带来的竞争优势。

(二)财务共享服务中心组织与人员管理

1. 框架详解

财务共享服务中心组织与人员管理框架详解,如表6-16所示。

表6-16 财务共享服务中心组织与人员管理框架详解

项　目	说　明
财务共享服务中心组织职责管理	能够基于业务流程清晰地梳理各环节所涉及的工作职责,并针对这些工作职责设置相匹配的岗位。在此基础上,通过提取汇总分散于业务流程中的岗位工作职责,形成财务共享服务中心的核心岗位职责
财务共享服务中心岗位及架构	能够清晰地定义财务共享服务中心在整个财务组织中的定位;明确其与现有财务部门之间的定位关系及职责边界。能够清晰地设计财务共享服务中心的管控关系,并基于岗位职责和管控关系搭建财务共享服务中心的组织架构及各架构层级的岗位设置。岗位设置应当能够做到不重不漏
财务共享服务中心人员招聘	能够对财务共享服务中心的人员编制做到及时的跟踪预测,在人力产生潜在空缺可能时,能够及时展开人员招聘活动,通过合理的招聘周期规划,在人员缺口出现时及时进行人力补充。能够积极地拓展多种招聘渠道,建立与高校的紧密联系。能够建立面向同城其他财务共享服务中心的招聘渠道,必要时设置专业化的招聘岗位,或者获得HR招聘团队的有效支持
财务共享服务中心人员培训及发展	能够建立完善的人员发展体系,针对财务共享服务中心的人员特性设置与传统财务差异化的职业发展通道,实现在相对较短职业周期中的快速发展和及时激励。能够针对财务共享服务中心的人员特点设置有针对性的人员培训体系,高效提升运营人员的产能,并积极拓展员工的综合能力,以提高其主观能动性
财务共享服务中心人员考核	能够设立针对财务共享服务中心不同层级、类型的人员绩效考核体系。能够基于绩效考核体系推动财务共享服务中心运营效率的提升、成本的降低、质量和服务水平的提升。同时,能够维持并激发各级人员的创新能力
财务共享服务中心人员保留	能够积极主动地针对财务共享服务中心的员工进行工作状态评估,对有潜在离职风险的员工进行及时主动的沟通,通过主动的行动实现人员的保留。同时,能够长期将财务共享服务中心的人员流失率控制在合理水平

159

2. 智能增强

智能时代的到来，对当今财务共享服务中心的组织与人员管理提出了不一样的要求。

首先，从组织职责及架构设置来看，今天的财务共享服务中心在传统职能的基础上，必须要考虑一些用于自我变革的职能。实际上，有不少财务共享服务中心还在纠结是否要用自动化来替代人工，并顾虑因此对现有团队的利益影响。在笔者看来，与趋势逆行是不可取的，我们应当在当今的组织中一方面继续针对传统的集中化人工作业模式展开运营的提升；另一方面，应当设立创新科技组织，积极主动地展开自我颠覆。通过应用新技术，主动降低对人力的依赖，从而在这场变革中掌握主动。

其次，对于这一变革时期的人员管理，要充分做好面对自动化带来人力释放影响的准备工作。将分散的人员集中起来是一场变革，在这个过程中，我们已经经历了一次减员的挑战。而今天，把集中在财务共享服务中心的人力再消化掉是另一场变革。这一次，我们应当在人员的职业发展上有针对性地考虑未来智能化的影响，提前做好人员的非共享技能培养，以帮助部分人员在智能化过程中逐渐分流至其他岗位，从而减少刚性人员裁减带来的剧痛。

最后，在人员的考核上，应当更多地关注对于人员创新能力的提升。传统的财务共享服务模式过于强调效率，这使财务共享服务中心的员工并不热衷于使用新技术来改造现有的工作模式，而更倾向于一个稳定的工作环境，这对财务共享服务中心适应智能时代的发展变革要求是不利的。多一些主动的求变精神是智能时代财务共享服务的必由之路。

（三）财务共享服务中心流程管理

1. 框架详解

财务共享服务中心流程管理框架详解，如表6-17所示。

表6-17 财务共享服务中心流程管理框架详解

项目	说明
财务共享服务中心流程体系定义	能够基于企业所处的行业特征，识别自身的全面的会计运营相关业务流程，并搭建业务流程体系，对业务流程进行清晰的分类，定义流程子集。能够完整地识别、定义业务流程场景，并建立流程场景与流程的映射关系

续表

项 目	说 明
财务共享服务中心标准化流程设计	能够基于业务流程体系展开财务共享服务中心的业务流程设计，标准化的业务流程体系应当能够清晰地定义流程的输入、输出、执行标准、质量标准、匹配的流程场景等关键信息。能够通过流程图、流程描述等方式进行流程展示
财务共享服务中心标准化流程维护和执行监控	能够建立财务共享服务中心业务流程体系的维护和执行监控制度体系，有相应人员关注流程的日常维护，并定期针对业务流程的执行情况进行评估检查。能够针对流程中的执行问题采取及时的行动，对流程进行修正
财务共享服务中心流程持续改进	能够建立起业务流程优化和持续改进的机制，营造有效的流程优化氛围，鼓励各级员工提出优化建议，并能够建立起建议的评价和采纳机制。对于所采纳的优化建议，能够设立项目团队进行积极推进。此外，不定期地开展流程优化检视活动，主动发现优化机会也是十分重要的

2. 智能增强

业务流程优化是财务共享服务管理中极其重要的主题。在传统的流程优化过程中，我们试图通过对流程环节的挑战、运营方式的转变来找到优化机会。当然，财务信息化在这一过程中也发挥了重要作用，高度的业务系统和财务系统的对接，以及专业化的财务共享服务运营平台的建立，也大大提升了财务共享服务的流程效率。

智能时代的到来，也让我们对流程优化有了更多的机会。如机器流程自动化技术成为人们关注的热点，它通过在全流程过程中寻找流程断点和人工作业的替代机会，在很多企业业务流程优化陷入瓶颈后，再次提升了流程自动化程度。

更值得期待的是，财务共享服务业务流程将伴随着基于规则的初级人工智能的应用，以及基于机器学习的人工智能的到来而获得更多的改进机会。在新技术的影响下，现有财务共享服务的流程会先从多人工模式转向"人智结合"模式，并最终迈向智能化模式。在这个过程中，业务流程的优化和改变并不是一蹴而就的，它会伴随着技术的逐步改进，并最终实现从量变到质变的转换。

同时需要注意的是，智能化对财务共享服务业务流程的影响是端到端的。也就是说，财务共享服务运营的输入流程也在变化中，而前端的流程智能化进程也会对财务共享服务后端的运营模式产生重大影响，很多时候，财务共享服务中心从人工向自动化、智能化的转变根本上就是前端流程直接带来的。

（四）财务共享服务中心运营管理

1. 框架详解

财务共享服务中心运营管理框架详解，如表 6-18 所示。

表 6-18 财务共享服务中心运营管理框架详解

项 目	说 明
财务共享服务中心绩效管理	能够针对财务共享服务中心制定完善的绩效评价标准，设定相应的 KPI，并进行有效的管理考核。财务共享服务中心的绩效标准应能够进一步细分至各业务团队，并最终落实到每个员工
财务共享准入管理	能够针对财务共享服务中心设立业务准入评估模型，对于服务对象的共享需求能够展开准入评估，判断其是否符合财务共享服务的运营特点，并予以纳入共享。必要时需要建立独立于共享中心与服务对象的准入评估机构，以实现对难以达成共识的准入事项的仲裁
财务共享 SLA 及定价管理	能够针对纳入共享服务中心的业务产品，定义共享服务中心与其服务对象之间的服务水平协议。服务水平协议应当对服务双方均能进行有效约束，规范服务对象的输入标准，规范共享服务中心的产出标准。基于服务标准，结合财务共享服务中心的成本能够设定公开透明的内部转移价格
财务共享管理人员管理	能够对财务共享服务中心的管理团队展开有效的培养及管理，有效评价管理团队的管理能力，及时优化管理团队的人员构成，建立起有效的管理团队成员的选拔与晋升机制。同时，需要建立必要的考核和淘汰机制，针对关键岗位建立必要的轮换机制
财务共享风险与质量管理	能够针对财务共享服务中心建立风险管理和质量管理机制，积极推动 RCAS（区域信用管理系统）、KRI（关键的风险指标）、重点风险事件管理等操作风险工具在财务共享服务中心的应用，积极推动全面质量管理、六西格玛管理、精益管理等质量管理工具在财务共享服务中心的应用，构建良好的风险和质量文化环境
财务共享"服务"管理	能够对财务共享服务中心的服务管理建立科学、专业的管理体系，构建清晰的服务方法、服务工具，对财务共享服务中心的服务满意度水平进行有效的衡量，并积极推动服务优化，提升服务对象的满意度
财务共享信息系统管理	能够积极推动财务共享服务中心作业相关信息系统的优化和改进，主动提出改进和优化业务需求，并配合信息系统管理部门共同实现对信息系统的优化提升

2. 智能增强

对于财务共享服务中心的运营管理来说，不少财务共享服务中心还停留在依靠人工进行管理分析的状态。因此，提升财务共享服务中心的运营管理水平，首先应当提升运营管理的基础信息化水平。

在提升基础信息化水平方面，可以借助信息系统实现绩效指标的管理，并应用于绩效看板和绩效报表。在准入评估方面，可以进行系统化的评估流程执行，并将评估模型系统化。在SLA（服务水平协议）和定价方面，能够基于系统进行SLA的各项指标的计算和出具报告，并据此结合定价标准测算出具各服务对象的结算报表。在风险管理方面，能够将RCSA、KRI及重大风险事项管理三大操作风险管理工具系统化，并应用于财务共享服务中心。在质量管理方面，能够将质量抽检、质量结果反馈、质量报告出具等质量管理过程系统化。在服务管理方面，能够构建邮箱及热线系统，以支持客户服务的专业化。

在智能时代，我们能够在上述信息化手段建立起来的基础上，引入大数据技术，提升对财务共享服务中心在绩效分析、风险发现、质量评价、服务跟踪等方面的深入管理，依托更为丰富的数据输入，提升财务共享服务中心运营管理的层次。

二、财务众包

众包的出现与财务领域和智能时代的来临有着密不可分的关系。在人工智能和财务共享服务中心的人力替代战争中，众包是机器作业的前置补充之一，它正在和人工智能一起面向传统财务共享服务模式发起进攻。

（一）众包

众包是指一个公司或机构把过去由员工执行的工作任务，以自由自愿的形式外包给非特定的（而且通常是大型的）大众网络的做法。众包模式和传统的运营作业模式存在显著差异，并具有任务颗粒化、技能低门槛、时间碎片化、组织网络化和收益实时化五个特点。

1. 任务颗粒化

众包可以说是劳动分工更为深化的应用场景。如果说劳动分工理论把一个复杂的业务处理推动为流程化、分环节作业的模式，那么众包模式就进一步将工作任务化，达到了更细的颗粒度。

2. 技能低门槛

任务高度颗粒化带来的直接好处就是任务的复杂性得到降低，每一个小的任务颗粒对技能的要求将大大小于组合起来的一个完整的流程环节对工作技能的要求。这使社会上大量并不掌握复杂技能的普通人员能够参与到众包的工作中来，并且使用极低的成本来完成相关工作。

3. 时间碎片化

在传统的流程管理中,往往需要整块的时间来完成某一项工作,而且流程中间多数是串行关系,要求工作时间具有连续性。而在众包模式下,任务颗粒化后会出现越来越多的在同一时间内的并行任务,从而对时间连续性的要求有所下降,形成任务处理时间的碎片化。因此,可以由互联网上的众多个体在同一时间并发完成多种类型的任务。

4. 组织网络化

当技能门槛降低、任务颗粒化且时间碎片化后,众包的人员组织形式可以实现网络化。众包会有大量的社会化资源参与,形成网状的任务交付结构,最后由任务的发包方完成这项任务的流程化组装和应用。

5. 收益实时化

对于众包网络中完成任务的个体来说,由于单个任务的收益很小,实时的收益计量是其持续参与的核心动力。收益实时化并不是要求随时支付,而是可以实时告知作业用户获得了多少收益,定期进行结算。

(二)如何实现财务众包模式的落地

由于众包是新兴的创新模式,从方法到技术平台各方面均存在挑战,要成功实现众包模式的落地,需要在前期有严谨的思考和设计,方能达到预期的效果。下面从众包的业务内容、技术平台及运营模式三个方面来谈谈如何实现众包模式的落地。

1. 确定可众包的业务内容

在评估是否可以众包的时候,有几个原则需要加以考虑。

(1)业务是否能够进行充分的标准化乃至颗粒化。复杂的业务没有办法让技能单一的社会参与者进行处理,必须要进行颗粒化拆分,而能够拆分的前提就是可以标准化。

(2)任务必须不存在信息安全隐患。众包的对象和信息的流转渠道是完全不受控制的,所以发包信息必须不存在信息安全的强要求,否则会产生风险。

(3)对于时效的要求有适度的容忍性。众包需要有派工、等待、双人核验等过程,如果等待超时还要有二次分派的过程,尽管可以对时效进行一定的管控,但如果对时效要求极高则不适合进行众包。

基于以上分析,在财务流程处理中有哪些业务内容可以考虑纳入众包的范围呢?以费用审核为例,如果从人的动作的角度来看,审核过程可以分解为"信息的读取"加上"和既定规则的比较"。"和既定规则的比较"属于技术含量较高的部分,并不适合众包处理，在未来需要更多基于人工智能的机器审核来完成。

从可操作性上来说，"信息的读取"可以考虑作为众包的核心内容。它能够满足上文中所提到的标准化和颗粒化的要求，由于对人的技能要求不高，更适合采用众包模式，而这个环节的产出也可以作为智能审核的数据基础。在实践中，标准发票、企业结构化单证中涉及的科目和金额，如在风险控制线内，则可以采用众包模式来进行信息录入。

2. 众包技术平台的搭建要求

在具体实操的过程中，需要有技术平台来支持众包业务。在具体的技术平台设计上，应考虑以下特点要求。

（1）技术平台具有高稳定性。由于是面对大用户量的平台，因此需要能够在大并发下高效率响应。此外，由于每个任务都是颗粒化的，单任务处理的周期短，任务会频繁地被分发和回收，这进一步加剧了性能压力。因此，要充分考虑平台的稳定性。

（2）技术平台具有高安全性。由于在平台上直接处理的是财务单据信息，虽然是碎片化分割出去的，但一旦发生数据泄露，大量碎片的再组合就会出现完整的、有价值的商业信息。因此，平台需要在安全性上给予很高级别的考虑。

（3）技术平台具有高易用性。在平台上从事作业的人员技能水平不高，如果平台操作复杂，则多数用户会难以适应，甚至根本无法开展工作。因此，在设计平台时需要尽可能做到傻瓜式设计，降低上手难度，使平台上的作业轻松愉快，而非充满挑战性和复杂性。

（4）技术平台需要兼顾PC端和移动端。参与众包的用户，一类是以此为主要收入来源的固定用户，每天会处理大量任务，极其追求作业效率，此类用户适合使用PC端作业；另一类是以娱乐和赚取零花钱的心态参与众包的非固定用户，考虑到此类用户碎片化作业的需求，更适合使用基于APP或微信小程序的移动端作业。

3. 众包技术平台的核心功能

在明确了众包平台所需具有的技术特点后，我们再来看一下众包平台对功能层面的主要考虑要点。

（1）任务拆分和组装的功能。在通常情况下，众包平台并不是任务的源头，需要从其他系统中导入任务。进入平台的任务是整件业务，需要在平台中进行拆分，并建立关键索引，后续派工基于拆分后的碎片任务进行，作业完成后，需要在平台中进行进一步的任务组装，组装时基于任务拆分时的关键索引进行。

智能时代财务管理转型研究

（2）任务分派和调度的功能。平台不适合进行主动式任务推送，因为我们并不知道众包平台用户现在是否有意愿进行任务处理。所以，平台的任务分配采用主动提取式。主动提取后的任务需要设置基于时间的调度管控，由于用户很可能在提取任务后因为突发情况或者主观意愿，放弃了对当前任务的处理，这就需要对所有任务设置倒计时管理，在计时结束后对没有完成的任务进行取回重新分配。

（3）多人作业核验的功能。由于作业质量无法按传统模式进行流程化质量检查，因此需要在机制上做特别的设计，常用的模式是双人作业、系统核验，就是将同一个任务同时分派给两个不同的作业人。如果作业结果一致，则认为任务质量是合格的；如果不一致，则引入第三人作业，其作业结果与前两人的作业结果比对，如果一致，则以一致结果为准，否则转入问题处理。

（4）计费和结算的功能。由于要对社会上零散人员进行计费和结算，这就需要基于任务来定义计费单位，如录入类任务可按字节计费，审核任务可按复杂度和页数来综合计费。无论采用何种方式，都要保证计费依据客观、可度量。系统根据数据自动计算用户作业绩效，并自动结算。此外，可考虑支持网络结算。

（5）用户和用户能力管理的功能。平台用户量大，需要进行必要的身份验证，如身份证核验、技能证书核验等。此外，需要建立基于作业质量、信用、技能等的综合模型，对用户进行分类分级管理，允许晋升用户的级别。

4. 构建众包的运营模式

有了技术平台后，再结合科学的商业运营模式，可以正式实现众包模式的落地。在通常情况下，众包的运营模式从目的的角度可以分为两大场景：一种场景是以参与方的身份，从解决自身人力需求出发，希望将众包模式作为工具来应用；另一种场景是以运营方的身份，将自身转型为服务平台，为更多的企业提供众包服务。两种不同的身份在众包运营中的考虑和模式是显著不同的。

（1）作为参与方身份的运营模式。作为参与方，重在使用和利用好众包。因此，参与方只需要专注于如何推广众包平台，将用户吸引到平台上来进行作业，并且保持稳定的质量水平。在这个过程中，主要需要考虑以下几点：宣传推广众包平台；找到恰当的定价水平；加强平台用户的黏性。

（2）作为运营方身份的运营模式。作为运营方，需要完全覆盖参与方的角色。上文中所谈及的参与方的各项运营要点，在运营方这里都要做到，甚至要做到更好。而在这一基础之上，运营方还需要管理好任务的来源。对于运营方来说，最重要的是要让平台变成中介，能够在平台上导入大量的任务，同时有大量的资源来承接运营任务。如果要向众包平台上的大量企业客户发布任务，则需要做好以下几项运营工作：吸引企业客户进驻平台；面向企业客户提供稳定高效的系统对接服务、专业化的服务支持及丰富的数据支持。

三、RPA 财务机器人

RPA 的全称为 Robotic Process Automation，即"机器流程自动化"。RPA 并非长成机器人的样子，RPA 的本质是一个软件产品，它并不复杂，甚至比想象中的还要简单。

（一）以跨应用系统的外挂形式存在

讲到 RPA 的存在形态，RPA 并不是想象中的一个独立的复杂系统，它有点儿像游戏外挂，是在企业现有的系统上进行的嫁接。如用户计算机中的两个应用系统 A 和 B，原先需要通过人工将 A 系统中的数据读取出来，再由人工录入 B 系统，现在就可以借助 RPA 在两个系统之间实现一个外挂，自动将 A 系统中的数据提取出来，并填充到 B 系统中。RPA 并没有和 A、B 系统进行深度集成，而是一个外部挂机的自动化脚本通道。

（二）能够进行可视化的监督管理

对于 RPA 来说，很重要的一点在于它建设了针对跨应用程序运行脚本的监控平台。如果没有这个可视化的监控平台，RPA 就和科技部门在后台写的脚本程序更像了。通过这样的一个前台可视化的监督管理工具，能够记录 RPA 中完整的行为，并且使这些脚本在可监督模式下运行。

（三）可以通过简单的开发实现

从应用实施的角度来说，RPA 是简单化的。它与 Office 宏的概念十分相似，并不需要通过复杂的开发就能够实现应用，最多达到类似于 VBA 的复杂程度。当然，从技术层面来说，Office 宏或 VBA 工具仅能在一套应用程序体系内使用，而 RPA 能够在统一操作平台上打通多个应用系统，这是显著不同的。

（四）部署周期很短

RPA 有成熟的产品体系，能够进行简单、快速的部署实施。从时间周期上看，一个简单的场景可能几天就可以完成开发，数周时间能够实现可用。但需要注意的是，RPA 的实施更多地需要在流程梳理方面下功夫，对于可以应用 RPA 的流程场景的识别，以及使用 RPA 后流程的标准化管理机制的设计和应用都是需要重点关注的。一个缺少标准化约束的机器人将是财务工作的灾难。

（五）基于设定自动执行流程

RPA一旦部署完成后，就可以基于计划任务或触发条件来自动执行，而不需要依靠人工进行触发。当然，自动执行的背后同样需要对于流程的事先设计，以及对于流程执行的时间和顺序节点进行有效的事件管理，自动执行后的 RPA 也需要进行必要的监控。

（六）善于解决重复应用场景

RPA 最擅长做的事情就是对流程中一个重复的人工场景进行自动化。虽然从优选的角度来说，我们会考虑进行系统的深度集成，从根本上解决问题，但是在有些情况下需要人工衔接的系统并不在我们的掌控之下，如纳税申报需要与税务系统进行对接，系统集成就受制于监管系统的开放程度，而 RPA 可以在这种情况下发挥其外挂的长尾价值。

（七）能够模拟人的行为串行执行

还是用 Office 宏来举例，RPA 能够把一连串的流程整合起来执行，而且是拟人化执行，如执行复制、粘贴等系统已经内置的操作命令，并串起一个流程。这个过程是高度模仿人的行为方式来进行的，而深度集成则类似于空气动力学让飞机飞起来的模式。

RPA 产品走的是仿生学道路，它用一个独立于企业现有业务系统的应用程序，在不改变现有系统对接方式的情况下，模拟原本依靠人工执行的系统内或系统间的衔接操作。比如，销售系统中的订单数据原本要靠人工录入 ERP，RPA 就会模拟这个过程，将销售系统中需要录入的订单数据读取出来，并登录 ERP，模拟人工录入的方式，把数据录入进去，然后和人工一样，单击"保存""提交"。这就是 RPA！

四、人机协同

（一）如何实现财务共享服务中心的人机协同智能化

作为新兴技术，与财务共享服务场景的融合并不是一件容易的事情，要想一步实现智能化，实现机器替代人工作业似乎并不可行。在大量实践基础的积累之上，一种变通的思路被提出，即基于人机协同的智能化，让财务共享在智能化之路上实现质的突破。在人工与机器自动化相结合的条件下，借助 OCR（Optical Character Recognition，光学字符识别）、网关、风险分级引擎、规则引擎所构建的人机协同智能共享技术成为过渡阶段一种具有落地性的选择。

1. 数据采集的人机协同

要实现财务共享的智能化，首先要解决的是原始凭证如何数字化的问题。遗憾的是，当前财务原始凭证的结构化水平严重不足，在营改增之前，我国的发票种类繁多，要想获取发票中的信息，更多的是靠财务共享作业人员逐张审视。这种状况在这两年得到了改善，随着营改增的推行，越来越多差异化的发票样式向增值税专用发票和普通发票统一，使我们有机会采用新的方式来处理原始凭证。OCR 技术在这一领域被积极地运用。

事实上，利用 OCR 技术提取发票信息的实践一直在进行着，但如上文中所说的，在原始凭证特别是发票种类繁多的时候，使用 OCR 技术的难度是很高的。由于现行的 OCR 技术主要还是基于模板配置的方式来进行采集准备的，这使模板开发和优化的工作量巨大，再加之识别率的不足，使不少尝试胎死腹中。但随着发票样式的统一，这一模式再次被提上议程，基于 OCR 技术，针对增值税专用发票和普通发票的定向优化，能够将识别率提升到可接受的水平。

但我们必须认识到，100% 的 OCR 识别率是难以做到的，这使全自动化的最后一步难以迈出，在这种情况下，人机协同模式的出现打破了僵局。通过在流程中植入 OCR 后的人工补录流程，让我们能够以较小的代价来实现全信息的数字化。通过实践看到，人机结合的 OCR 采集模式充分利用了识别技术的优点，也克服了阻碍最后一步的难题。当获取了完整的信息后，下一步的自动化机会豁然开朗，并呈现在我们的眼前。

2. 共享派工的人机协同

在缺少数据支撑的情况下，财务共享服务中心在作业时通常是采用随机派工的方式，通过强制分派或者抢单的方式来实现作业任务的分派。这种方式的优点在于能够带来任务分派的公平性，减少不必要的协同问题。但也存在不足，采用随机分派的方式，忽视了不同任务之间风险水平的差异，也忽视了共享作业人员之间能力的差异。

当我们尝试去正视这个问题的时候，会发现，如果能够将任务的风险水平与员工技能水平匹配，就会获得收益。这种收益来自风险更高的任务，由技能更强的员工来进行处理，从而提升了管控风险的能力，而低风险的任务交给系统或者低水平的员工来进行处理，进而降低了成本。这打破了现行共享服务主流的大锅饭模式。而当我们能够使用计算机进行自动的信用与风险分级后，再结合相匹配的人工作业，就实现了另一种方式的人工协同。

当然，要做到这一点并不简单，最大的挑战是如何识别并定义每一个进入共享中心派工池的作业任务的风险等级。在原始凭证数据化之前，这是很难实现的，但随着数据采集人机协同的应用，我们获得了更为广泛的财务数据，在此基础上建立风险的分级模型，将任务分成不同的风险等级，并进行差异化的派工处理。但是在这个阶段，任务分级的模型算法更多的还是基于人员的作业经验，这在一定程度上限制了人机协同能力的最大化实现。

3. 共享作业的人机协同

共享作业的人机协同是最后一个环节，也是最重要的一个环节。在传统的财务共享服务模式下，共享作业任务的处理主要依靠作业人员掌握审核作业的规则要求后，进行人为的判断处理。这种处理方式虽然采用了劳动分工的科学管理方法，通过标准化降低了人工处理的难度，但是其背后仍然需要大量具有丰富经验的财务共享服务人员作为支撑。

在这种情况下，人们思考是否有更好的方式方法来进一步优化共享作业模式？对于利用系统进行自动化处理的探索也一直在进行着。但受制于前端数据的不足，以及系统进行自动化处理的工具局限性，这一尝试的进展也是有限的。

随着原始凭证基于采集人机协同的数字化进程的推进，一种使用规则引擎进行自动化处理的人机协同方式被提出。在传统模式下，需要靠人记忆并执行的作业规则被进一步颗粒化，并被植入规则引擎中。规则引擎依靠丰富的数据输入及所设置的颗粒化规则进行批量审核作业，对于所有规则校验通过的任务，将免除人工处理；对于出现异常审核结果的任务，将转为人工处理。当然，这里的任务是指在上一环节中识别出的低风险任务，高风险任务仍然建议由人工处理。

在这个过程中，一个非常重要的概念是"规则引擎"。那么，规则引擎是如何架构的呢？规则引擎可以理解为一个业务规则的解析器，在这个解析器中，原本一个相对复杂的规则被要求拆分为相对简单、可定义的规则包。每个规则包都涵盖了数据输入、算法处理、输出反馈的过程规则。而且规则引擎允许我们定义大量的规则包，并将这些规则包管理起来协同运作，实现了将复杂的人工审核过程自动化处理。

这件事情说起来简单，但在实际的开发规则引擎实现过程中需要克服几个困难问题。首先，需要让业务团队理解规则引擎中规则包的处理能力，也就是颗粒度。业务人员只有理解了这个概念，才有可能保证所拆解的规则颗粒是系统可实现的。其次，业务人员在理解规则包颗粒度的基础上，将共享作业规则进一步拆解和颗粒化。对于每一个拆解的规则都需要满足规则包所设定的可处理要求，不重不漏，是一个细致活。同时，这些规则高度依靠经验提炼，带来了需求人员的依赖性。最后，是规则的系统化。实际上，不少规则引擎还难以做到完全由业务人员自主定义，通常还有不少复杂的规则包要通过开发来实现。这些规则包需要消耗大量的开发资源，而且如果没有建立很好的需求和开发文档管理，也会造成潜在的规则或算法风险。

针对这些困难和挑战，我们也期待有更好、更灵活的规则引擎产品出现，使共享服务智能化的发展进入高速时代。

（二）未来机器学习将怎样带来财务共享的进一步智能化

人机结合模式的应用让我们在财务共享服务中心自动化、智能化的进程中找到了一个阶段性的过渡方法，但这并不是终点，一个好的平台应当尽最大可能地打掉人工干预的断点。通过技术手段，将人机协同进化为人工智能的闭环是未来的必由之路。

人工智能技术高速发展，特别是机器学习领域的突破，帮助我们在 OCR、风险分级和共享作业三个领域有了一定的突破。

1. 机器学习提升 OCR 识别率和识别范围

传统的 OCR 技术是基于一套设定的流程来执行的。首先，对于输入的图像需要进行预处理，如二值化、去噪、倾斜矫正等。其次，进行版面分析，将文档图片切分成一个个小的部分，对于发票来说，这种切分是可以基于发票的版面来进行预先设定的。最后，进行字符切割，将一个个汉字独立出来，并根据预先设立的字库对比来进行汉字识别。但这并不是最终的结果，还可以进一步基于语言上下文的关系来矫正结果，这被称为后处理。在这种模式下，识别率受到多种因素的影响，特别是在字库对比和后校验环节很容易出现问题。

基于机器学习的 OCR 方式，能够通过对大量带有特征值和结果标签的影像进行监督学习，就像做题一样，告诉 OCR 引擎题目和答案。通过大量训练后，机器学习能够自主找到提升识别率的优化算法，从而持续提升 OCR 的识别率。这种方法在针对同一性质的原始凭证进行大量的学习训练后，能够有效提升 OCR 的识别效果。

语义学习在 OCR 的后处理环节同样能够发挥作用。基于机器学习进行持续的语义训练，能够帮助 OCR 在后处理时更接近人的思维逻辑，在几个模糊的、可能的选择中找到更正确的答案。持续的训练，同样能够提升后处理的精准度。

基于以上两个领域对机器学习的深入应用，能够不断提升 OCR 的识别率。同时，在一些传统 OCR 技术难以识别的领域，特别是手写体领域的识别将得以突破。事实上，在不少针对 OCR 机器学习的应用领域，已经出现了达到商用级别的产品。

2. 机器学习提升风险分级精度

在另一个领域，机器学习同样能够助力财务共享自动化水平的进一步提升。如上文中所说的，在传统技术下风险分级规则的设定是基于人的经验来总结的。这就必然会面对人的能力和经验的局限性，甚至很多时候，因为缺失相关经验，使这一动作直接被搁置。

对于风险分级来说，其核心逻辑是基于输入的数据信息，评价每一份原始凭证的风险等级。这一过程和金融行业的信用评价体系是有所类似的。当获得了大量的输入后，通过所设定的算法得到一个风险评价的结果值。

当机器学习被应用于这一领域后，可以考虑先通过人工积累大量的训练题库，由共享服务中心的作业人员基于经验规则设定风险级别。这个设定过程的最终结果，可能是很难靠人力完全抽象为模型的。但当积累了一定的人机协同作业下的题库后，能够引入机器学习引擎，对当下系统中植入的经验规则进行学习优化，从而将人机协同的人的部分进一步机器化，而这一转换比例将在持续学习的过程中不断提升，并最终提升风险分级的精度。

当然，对于风险分级模型的优化，还有很多需要同步进行的工作，如报账人关系网络的搭建，以及报账人、供应商信用体系的搭建等。

3.机器学习实现作业规则的自我优化

机器学习的一个重要价值在于能够帮助我们实现共享作业规则的持续优化。和风险分级类似，在没有引入机器学习之前，我们通过规则引擎进行自动审核，而规则引擎中的规则是基于作业人员的经验提炼的。当基于规则引擎的人机协同模式获得了大量的历史题库后，同样可以基于机器学习引擎，优化和提升规则引擎中的规则，从而实现人机协同向高度自动化、智能化的转变。

在财务共享服务中心，机器取代人工的进程已经启动，不是是否可以的问题，而是何时完成的问题。

参考文献

[1] 董皓.智能时代财务管理 [M].北京：电子工业出版社，2018.

[2] 孙洁.企业财务危机预警的智能决策方法 [M].北京：中国社会科学出版社，2013.

[3] 朱顺泉.上市公司财务预警统计与智能建模及应用研究 [M].北京：人民出版社，2013.

[4] 顾德军.财务共享理论与实践研究 [M].合肥：合肥工业大学出版社，2019.

[5] 马建军.财务共享实训教程 [M].北京：电子工业出版社，2017.

[6] 陈明灿，王娟，宋瑞.大数据环境下的财务共享 [M].天津：天津科学技术出版社，2018.

[7] 王兴山.数字化转型中的财务共享 [M].北京：电子工业出版社，2018.

[8] 陈虎，孙彦丛.财务共享服务 [M].北京：中国财政经济出版社，2014.

[9] 王凤燕.财务共享模式下的内部控制与企业绩效研究 [M].北京：中国社会出版社，2019.

[10] 克里斯，费伊.服务共享 [M].郭蓓，译.北京：中国人民大学出版社，2005.

[11] 安应民.企业柔性管理：获取竞争优势的工具 [M].北京：人民出版社，2008.

[12] 彭剑峰.人力资源管理与技术丛书：KPI 指标与绩效管理 [M].上海：复旦大学出版社，2008.

[13] 卢家仪，杜勇，刘新智.财务管理 [M].北京：清华大学出版社，2008.

[14] 陈虎，董皓.财务共享服务 [M].北京：中国财政经济出版社，2009.

[15] 周宇.现代企业集团财务战略研究 [M].成都：西南财经大学出版社，2009.

[16] 徐延利.绩效管理：理论、方法、流程及应用 [M].北京：经济科学出版社，2011.

[17] 水藏玺，许艳红.管理成熟度评价理论与方法 [M].北京：中国经济出版社，2012.

[18] 迈尔-舍恩伯格，库克耶.大数据时代 [M].盛杨燕，周涛，译.杭州：浙江人民出版社，2013.

[19] 任振清.SAP 财务管控：财务总监背后的"管理大师" [M].北京：清华大学出版社，2015.

[20] 张瑞君. 企业集团财务管控 [M]. 北京：中国人民大学出版社，2015.

[21] 侯文华，郝琳娜. 众包模式：企业创新的新助力 [M]. 北京：科学出版社，2016.

[22] 拉金德拉. 企业司库操作实务 [M]. 秦荣生，张庆龙，译. 北京：电子工业出版社，2017.

[23] 杨爱群. 风险管理与风险导向内部审计 [J]. 经济师，2005（7）：140-141.

[24] 韩英. 企业如何导入服务营销理念 [J]. 商场现代化，2005（17）：49-50.

[25] 荣冈. 刘进锋，顾海杰. 数据库中动态关联规则的挖掘 [J]. 控制理论与应用，2007（1）：127-131.

[26] 刘婷媛. 企业财务共享服务管理模式探讨 [J]. 财会研究，2007（2）：40-41.

[27] 梁照国. 谈我国企业的财务流程再造 [J]. 财会月刊，2007（33）：77-78.

[28] 陈虎，董皓. 财务共享服务中心的绩效管理及评估 [J]. 财务与会计，2008（22）：61-62.

[29] 张瑞君，陈虎，胡耀光，等. 财务共享服务模式研究及实践 [J]. 管理案例研究与评论，2008，1（3）：19-27.

[30] 梁红娟. 我国企业财务流程再造分析 [J]. 现代商贸工业，2010（2）：142-143.

[31] 何瑛. 企业财务流程再造新趋势：财务共享服务 [J]. 财会通讯，2010（2）：110-113.

[32] 叶慧良. 建设财务共享服务中心提高财务控制力——基于A公司建设实施FSSC的分析 [J]. 财会实务，2010（5）：30-32.

[33] 张瑞君，陈虎，张永冀. 企业集团财务共享服务的流程再造关键因素研究——基于中兴通讯集团管理实践 [J]. 会计研究，2010（7）：57-64.

[34] 丁文欣. 大型企业集团如何建构财务共享服务中心 [J]. 上海国资，2010（9）：78-79.

[35] 王永祥. 论企业数据安全保护方案 [J]. 网络安全技术与应用，2011（6）：12-14.

[36] 李艳妮. 企业财务管理信息系统的设计 [J]. 科技情报开发与经济，2011（9）：146-148.

[37] 杨志华. 财务管理软件的数据安全性研究 [J]. 中国集体经济，2012（3）：172-173.

[38] 陈小鹏. 财务共享服务中心人才能力特征与培养：基于Z公司的经验 [J]. 财务与会计（理论版），2013（5）：49-51.

[39] 吴杨春. 关于财务转型的思考 [J]. 现代商业，2013（21）：248-249.

[40] 张爱民，蔡剑锋. 财务共享服务中心实施中的人力资源管理和架构策略 [J]. 商业会计，2014（3）：18-20.

[41] 王亚. 共享服务模式在国企中推广的利与弊 [J]. 东方企业文化, 2014（24）: 270.
[42] 刘玉. 财务人员转型问题解析及应对策略 [J]. 会计之友, 2014（33）: 56-57.
[43] 魏春红. 中国经济新常态下财务转型探讨 [J]. 中国总会计师, 2015（5）: 36-37.
[44] 王策. 集团企业财务集中管理向共享服务转变的思考 [J]. 中国总会计师, 2016（2）: 66-68.
[45] 李亚静, 李冰, 王娜. 企业信息化安全管理探讨 [J]. 中国新通信, 2016, 18（13）: 34-35.
[46] 程平, 崔纳牟倩. 大数据时代基于财务共享服务模式的内部审计 [J]. 会计之友, 2016（16）: 122-125.
[47] 李新丽. 加强战略管控, 做强做优做大国有企业 [J]. 江苏商论, 2016（25）: 123-124.
[48] 秦智勇. 企业财务转型驱动力及实现路径探析 [J]. 经营者, 2016, 30（1）: 94-95.
[49] 李闻一, 朱媛媛, 刘梅玲. 财务共享服务中心服务质量研究 [J]. 会计研究, 2017（4）: 59-65.
[50] 陈潇怡, 李颖. 大数据时代企业集团财务共享服务的创建 [J]. 财会月刊, 2017（4）: 17-21.
[51] 孙逸, 董志强. RPA: 财务智能化的必经之路 [J]. 新理财, 2017（21）: 64-65.
[52] 王文娟. 智能化财务软件对传统会计的影响 [J]. 中国商论, 2017（33）: 137-138.
[53] 熊晴海. 关于企业财务管理转型与经济转型协调的思考 [J]. 经济研究参考, 2017（41）: 72-75.
[54] 李圻. 财务共享服务——企业财务管理流程再造的有效途径 [D]. 天津: 南开大学, 2004.
[55] 刘汉进. 共享服务的决策、实施与评价研究 [D]. 上海: 上海交通大学, 2004.
[56] 贾廉. 共享服务管理模式探讨及其实施与控制 [D]. 沈阳: 东北大学, 2005.
[57] 彭莉. 网络财务信息安全问题研究 [D]. 西安: 西安科技大学, 2007.
[58] 万蓓. 财务共享服务模式下企业绩效管理问题探讨 [D]. 南昌: 江西财经大学, 2010.
[59] 曹海燕. 零售企业财务共享体系构建研究 [D]. 济南: 山东大学, 2011.
[60] 赵春. 基于数据挖掘技术的财务风险分析与预警研究 [D]. 北京: 北京化工大学, 2012.
[61] 李耀峰. 财务共享服务本土化研究 [D]. 西安: 西安建筑科技大学, 2012.
[62] 杨方平. 财务共享服务模式在我国集团企业应用问题探讨 [D]. 南昌: 江西财经大学, 2012.